普通学校特殊需要学生课程评估工具

评估手册 五年级 语文 数学 英语

Curriculum Assessment Tools for Students with Special Needs in General Primary Schools

王 辉　宋修玲　著

编写团队（按姓氏笔画排序）
王淑琴　王 霞　刘 婷　刘加芳
刘晓慧　芮代琴　李月月　吴振兰
宋晓杰　张 华　张 琳　茅 成
赵 莉　赵 敏　顾 静　钱正慧
翁丽丽　唐宁宁　黄永志　彭益珍

南京大学出版社

用专业的力量建构"适合每位儿童"的教育

党的"十九大"郑重宣告，中国特色社会主义进入了新时代。坚持教育公益性原则，深化教育改革，促进教育公平，是建设高质量教育的基本遵循；从"面向每个人的教育"走向"适合每个人的教育"是完善新时代基础教育的重大课题。特别是在我国大力推进融合教育的当下，如何有针对性地解决普通学校特殊需要学生的特殊需要问题，开展有效的"适合每个人的教育"，成为21世纪普通教育与特殊教育共同关注、探索的话题。

南京市教育局继国家随班就读教改实验区后，再向有质量的融合教育挺进。委托南京市教研室与南京特殊教育师范学院合作，组建研究团队，站在新的历史起点，探索在普通学校实施普惠性的有质量的特殊教育。南京市教研室在市教育局的直接领导下，整合各方的专业力量，在充分调研的基础上，成立"随班就读学校课程与教学调整"种子教师工作坊，以"特殊需要儿童教育诊断与评估"为主题，采用"做中学"的方式，对包括该研究团队成员在内的全市随班就读学校的骨干资源教师和巡回指导教师进行了系统培训。在学习、实践与研究的过程中，为了解决制约随班就读教育质量的关键问题——特殊需要学生课程评估工具的缺乏，该研究团队历经四年时间，攻坚克难，研制了这套评估工具。这在随班就读领域具有专业性、示范性、推广性意义。

这套课程评估工具包括语文、数学、英语三门学科，分课程评估手册和评估材料两部分，适用于普通小学中随班就读的学生以及其他有特殊需要的学生。依据这套课程评估工具，任课教师可以了解学生已具有的先备知识、技能及下一阶段的学习目标，据此规范地制订特殊需要学生的个别化教育计划、各学科学期教学计划，并设计与实施有效的课堂教学。

该研究团队经过四年多对随班就读课堂教学的探索，从课程专业的角度来看，基于本套课程评估工具研制所取得的经验，至少有以下几点值得推广：

第一，编制了适用于普通学校中有特殊需要学生的学习标准，弥补了国内空白。针对目前普通学校中有特殊需要学生的学习标准之缺失，该研究团队依据国家义务教育课程标准，编制了有特殊需要学生的学习表现标准，让普通学校的教师在学业评估时有标准可依。

第二，引领普通学校教师开展基于标准的评价，提升了教师课程素养。针对当前中小学教师普遍存在的"只会教，不会评"的问题，该研究团队依据上述的表现标准，开发小学语文、数学、英语三个学科的课程评估手册、评估材料，为普通学校的教师对有特殊需要的学生开展课程评估提供了支架，为融合教育课程与教学的调整提供了依据。

第三，推进有效教学的核心技术，改善了教学质量。该团队培训教师依据上述表现标准编制了各个阶段的教学方案，实施教—学—评一致的教学，确保普通学校"在促进教育公平的前提下提高教学质量"。

第四，创设有特殊需要学生"人人出彩"的机会，促进了教育公平。该团队依据国家课程标准编制分级目标，教师可以根据学生的特殊需要开展评价，学生及其家长也可以根据实际情况确定目标，这有助于有特殊需要的学生在普通学校学习阶段找到成就感，增强其自我效能感。

不过，对于教师借鉴、使用此研究成果时有一点建议，那就是教师在使用经过分解或转化之后的分科分级目标进行教学时，要避免陷入孤立、琐碎地"对标"的误区，注重评估学生在真实情境下问题解决的综合表现，从目标整合的角度关注学生关键能力、必备品格与价值观念的养成；要超越基于知识点的"双向细目表"，探索素养导向的真实情境的问题解决，进一步引领学科育人方式的变革。

期待这套基于标准的课程评估工具在我国融合教育课程与教学改革中发挥重要的推进作用，也期待该研究团队继续扮演专业引领者的角色，为我国普特融合的教育事业多做贡献！

华东师范大学课程与教学研究所所长
崔允漷

前　言

完善特殊教育保障机制，提高特殊教育质量，促进教育公平，是《中华人民共和国国民经济和社会发展第十四个五年规划和2035年远景目标纲要》以及《深化新时代教育评价改革总体方案》的重要精神。为了保障特殊需要学生平等受教育权利，引领教师上好每一节课、关爱每一个学生，促进教师专业发展，完善提高融合教育中特殊需要学生教育评估机制，我们探索研制了《普通学校特殊需要学生课程评估工具》，分为《评估手册》和《评估材料》两个部分。

《评估手册》和《评估材料》是一套专供在普通学校学习的特殊需要学生使用的课程本位评估工具。这套评估工具是在南京市教育局委托下，由南京市教学研究室与南京特殊教育师范学院合作，选拔南京市普通学校、特教学校各学科部分骨干教师组建研究团队，在南京特殊教育师范学院王辉教授的全程指导下基于义务教育课程标准和个别化教育理念研发而成。这也是在全国融合教育快速发展的大背景下，为回应随班就读学校亟待解决的课程与教学调整问题而做的行动探索。

2015年，南京市成为国家特殊教育改革实验区之一，重点开展"加强残障儿童少年随班就读工作"实验。在南京市教育局的直接领导下，陆续开展了理念宣传、机构建设、机制建立、资源配置、师资培训等一系列工作，融合教育理念逐步推广，随班就读的社会公共服务体系和特殊教育支持保障逐步完善，随班就读工作局面全面展开。随之而来，对随班就读学生教什么、怎么教、怎样评等关乎教育教学质量的问题不可回避地被提上了议事日程。

2016年，受南京市教育局委托，南京市教学研究室与南京特殊教育师范学院合作，把"随班就读学校课程与教学调整"作为提升融合教育教学质量研究的重点进行攻关。经过了国内外考察学习和对本地情况的调研摸底，我们逐渐从纷繁复杂的矛盾中厘清：评估是课程与教学调整的逻辑起点，没有科学的评估，课程与教学调整就没有科学的依据。不了解特殊需要学生具有了哪些先备知识、技能与学习能力以及有何特殊需要，就无法找到特殊需要学生学习的起点、制订适切的学习目标，就无法在教学目标、教学内容、教学策略、教学评价等方面形成一致性和整体性。唯有抓住了评估，才能纲举目张，理顺随班就读课程与教学中的种种矛盾，实现有质量或高质量的发展。

2018年，我们在全市遴选出40位巡回指导教师和资源教师，成立了"南京市随班就读课程与教学调整工作坊"。五年多的时间，在王辉教授的引领和指导下，以形成专业、系统的随班就读课程与教学调整模式、调整流程和调整策略为目标，以特殊儿童教育诊断与评估为起点，用"做中学"的方式开展了系统性的培训和实践探索活动。

培训与实践过程中我们认识到，国内目前仅有解决特殊需要学生的筛查性评估和心理能力发展状况评估的工具及方法，缺乏现成的基于国家课程标准的随班就读学生学业成就的评估工具。没有现成可用的学业评估工具怎么办，大家达成共识：自研！因此基于国家课程标准和个别化教育理念，为普校特殊需要学生研编本土的学业评估工具成为整个探索过程中需要攻克的难关。

在学业评估工具研制探索的过程中，我们首先尝试了自下而上、较为便捷的思路，即用现成的单元和期中、期末试卷作为评估工具，希望从测试结果分析出学生的学业水平现状和下一阶段的学习目标。可是各区域、学校试卷从难度上与课标要求并不完全一致，从内容上也无法涵盖所有，导致测试出来的结果无法准确、全面反映学生的现有学业水平；同时，试卷缺乏难易梯度，测试结果无法为教学目标的制订提供科学的依据。尝试以后，大家认识到研制学业评估工具无捷径可走，必须转换思路，迎难而上去攻关。王辉教授又带领我们采用自上而下的方式，即分解课程标准中的各阶段目标，从学科核心素养角度细化到行为目标，根据行为目标和特殊需要学生特点来编制评估项目，再根据评估项目来确定评估内容和方法，编选试题和评估材料，确定评估标准等。通过学生在试题上的表现，来判断每项知识或技能的掌握状况，从而确定特殊需要学生现有学业水平、可接近性学习目标，为下一阶段学习目标的制定提供依据。

从思路确定到评估工具成型，再经历实践验证与反馈修订，是一个极其艰难又意义非凡的过程。五年多的时间，二十几位普教、特教各学科的骨干教师，数十个假日周末，或现场或网络，上百次的学习、讨论，多少次修改，已经难以计数。大家从研读课标、解析目标、研究评估工具的结构、确定评估手册与评估材料的规格及样例编码，到科学规范地制定目标，反复斟酌编制评估材料，甚至每一幅图片的拍摄选择，都经历了无数次观点碰撞、脑力激荡，一次次陷入困顿，又一次次取得突破。王辉教授诲人不倦，不断帮助老师们转变思路：评估不是考试；评估不是教学。老师们也从最初想当然认为"学生会了就是会了，不会就是不会"，到最后大家自觉认识到"学生会了（题目做对了）不一定是真的会（核心能力建立起来），学生不会（做错了）不一定完全不会（完全没有此项能力）"，评估工具正是帮助我们去寻找学生真正的能力起点和学习目标。可以说工具研制的过程是对课程标准系统的学习研究过程，是对课程与教学全新的认识过程，也是对学生学习再发现的过程，更是教师们跳出传统思路，转变思维，努力超越自我的过程。就这样，才有了呈现在大家面前的这套适用于普通小学特殊需要学生的课程《评估手册》和《评估材料》。

一种工具的使用往往代表的是一种思维方式的引入。希望本套课程评估工具能帮助我们重新认识司空见惯的课堂教学和学生学习，让所有有特殊需要的孩子，不仅是残障儿童，都能被看见，这是实现每个孩子都能得到适合的教育的第一步。

感谢南京市教育局和南京市教研室对本项研究的全力支持，感谢我的同事，南京市教研室小学数学教研员朱宇辉老师、小学语文教研员徐艳老师、小学英语教研员张海燕老师给与鼓励和指导；感谢我们的教研同行，秦淮区教师发展中心小学语文教研员张晶媚老师、原浦口区教研室主任李嘉夫老师和浦口区小学数学教研员赵学武老师的精心指导；感谢南京市特殊教育指导中心、各区特殊教育指导中心，尤其是秦淮区特殊教育指导中心王淑琴校长的协助；感谢许许多多融合教育实验学校，如南京市后标营小学、南京市朝天宫民族小学、南京市中山小学的大力支持。评估工具研制的过程是一个普通教育与特殊教育教研的融合以及双方教师融合的过程。感谢南京大学出版社丁群编辑为本工具的审校付出了辛勤的劳动。在评估材料中我们使用了大量义务教育教科书中的内容和图片，在此也表示衷心感谢！

尤其感谢南京特殊教育师范学院王辉教授的倾心指导与引领。理论最大的价值，在于改变实践。对于所有的参与者来说，王辉教授带给我们的不仅是开阔的视野、先进的理论和方法，更重要的是改革的勇气和探索的自信。

我国教育已进入整体抓质量的新阶段，对于提高随班就读教育教学质量来说，万里长征我们才迈出第一步，期待有更多的伙伴一起加入这个富有挑战性的探索大潮。

南京市教学研究室特殊教育教研员

宋修玲

编写说明

《普通学校特殊需要学生课程评估工具》（以下简称《评估工具》）是一套专供在普通学校学习的特殊需要学生使用的课程本位的评估工具，包括《评估手册》和《评估材料》两个部分。

一、适用对象

本套课程评估工具适用于普通学校义务教育小学阶段的随班就读学生，以及学习困难/障碍、情绪与行为障碍等其他有特殊需要的学生。

二、研制思路

本套课程评估工具研制的指导思想是"以生为本"；研制的直接依据是普通学校义务教育阶段的国家课程标准（2011年版）（以下简称《课标》）和现行的各科教材。本套课程评估工具研制原则如下：

1.突出以中小学义务教育课程标准为基本指南的原则。贯彻落实立德树人根本宗旨，遵循《课标》基本要求，进行系统性、协同性的整体设计。各科课程《评估手册》中的领域与目标体系以《课标》为本，体现出学科逻辑和年段特点，构建起学科能力系统，通过评估，实现学生的特殊需要与普通学校教学无缝无痕贯通衔接。

2.突出尊重特殊需要学生差异性的原则。坚持个别化教育理念，充分尊重和遵循特殊需要学生多样化的身心特点和学习发展规律，分层次、多样性地编制评估项目，并根据评估项目做出不同内容和评估方法安排。强调多元化、个别化评估，服务特殊需要学生个性化成长。

3.突出挖掘潜能与全面发展的原则。坚信每一个特殊需要学生在各个领域都有发展的潜能，只要提供适合的教育，都能充分成长。各学科《评估工具》重视多学科、多领域、全面、深度剖析特殊需要学生学科核心素养和能力水平，逐项分析并提出针对性的发展建议，引导教师全面深入了解学生，积极平等地关切特殊需要学生的成长，促进特殊需要学生的全面发展。

4.突出适用所有特殊需要学生的普惠性与通用性原则。采用全方位通用设计理念，根据课程本位评估的方法，按照国家普通中小学课程方案、课程标准和统一教材要求，做了学习领域的划分和目标的分解、细化，普惠性地服务普通学校各类特殊需要学生。

5.突出工具操作的实用性原则。坚持服务于普通学校特殊需要学生教育评估的目标，以规范性、工具性为特色，在目标分解、评估项目、评估内容和方法、评估结果与分析、结论与建议以及评估材料选配等设计上，重视教师操作便利性的需要，方便评估使用。

6.突出促进提高教师融合教育专业知识与技能的原则。根据大班集体教学的现实和专职资源教师匮乏的实际，以服务于教师在大班集体教学中课程和教学调整为目标，重视通过《评估工具》为教师提供可借鉴、可操作的依据，引领教师上好每一节课，切实关爱到每一个特殊需要学生。

三、内容与结构

本《评估手册》包括小学语文、小学数学、小学英语3门课程，每门课程的《评估手册》分别配备了对应的《评估材料》，供评估者配套使用。

每门课程的《评估手册》都包含评估标准、使用指南和评估领域三个部分。每个评估领域的内容以表格形式列出，包括一级目标、二级目标、三级目标（仅数学分解到三级目标）、评估项目、评估内容和方法，以及评估记录、评估结果与分析、结论与建议，如下图。

识字与写字领域

姓名：_____ 年级：_____ 评估者：_____ 评估日期：_____

一级目标	二级目标	评估项目		评估内容/方法	评估记录	评估结果与分析		结论与建议
		序号	项目			得分	分析	
1 能认识200个常用汉字	1.1 能认读200个常用汉字	1	认读200个常用汉字	1-1 认读汉字（200个，见材料一）				
		2	在提示下认读200个常用汉字	2-1 看图片/词语，认读汉字（48个，见材料二）				
				2-2 看动作/词语，认读汉字（5个，见材料三）				
				2-3 听读音，找出汉字（197个，见材料四）				

四、评估方法

在评估中要坚持多元、开放、整体的评估原则。采用的评估方法主要有：操作解答、书面（口头）测验、作业分析、日常观察等。不同的评估项目所需要的评估方法不尽相同，评估者可根据需要灵活选择。

在评估过程中要充分考虑学生的特殊需要，调整评估的方式方法以适合学生。如有语言障碍的学生，不能用口语表达，也可以用手势比划出结果；有视觉障碍的学生需提供助视器等辅助设备。

为保证评估效度，应尽量保证前后评估人员的一致性。

五、评估标准

评估者在使用各科《评估手册》和《评估材料》对特殊需要学生进行评估时，要根据评估标准进行准确评判。本套评估工具的评估标准分为"3、2、1、0"四个等级分数，每个等级的分数代表着不同的表现水平。

3分：独立完成单一知识/技能；或独立完成多重知识/技能100%。

2分：独立完成或在单一支持下完成多重知识/技能60%及以上；或在单一支持下完成单一知识/技能。

1分：独立完成或在多重支持下完成多重知识/技能20%~60%以内；或在多重支持下完成单一知识/技能。

0分：独立完成或在多重支持下完成多重知识/技能20%以下；或在多重支持下无法完成单一知识/技能。

评估者根据学生的表现，给予学生单一提示或者多重提示，每种提示不超过3次，同时给出对应分值。

五、评估与应用

对特殊需要学生评估时，根据评估标准对《评估手册》中的每个评估项目评定相应的等级分值，并将评估结果中的3分项、2分项和1分项分别汇总梳理。3分项代表被评估的特殊需要学生已经具有了相应的先备知识和技能，这是学生学习的起点和基础；2分项和1分项代表被评估的特殊需要学生在支持或提示下可以完成这些项目，这些项目所对应的目标就是特殊需要学生在该门课程学习上的最近发展区，这些目标就成为特殊需要学生的可接近性学习目标。

根据学生学习需要的迫切性，在可接近性学习目标中选择确定该生在该门课程上的学期学习目标和单元学习目标。评估手册中的一级目标即为学期层级目标，评估手册中的二级目标即为单元/月层级目标。将特殊需要学生的个人学期学习目标和单元学习目标确定后，结合班级的学科教学计划，将特殊需要学生的学期学习目标和单元学习目标分解、嵌入到班级学期教学计划以及每个单元、每个课时中，并根据该生的学习目标对班级的课程与教学进行调整，以适应该特殊需要学生。

一个学期学习结束后，再对特殊需要学生实施课程评估，将此次评估的结果与前次评估的结果进行对照、比较，分析该生一学期的学习目标是否达成，学习效果和教师教学成效如何。同时，借此评估确定下一阶段的学习目标，并依此进行课程与教学调整。以此，周而复始。

通过本套课程评估工具评估所得的评估结果，一方面可作为确定特殊需要学生已有先备知识、技能和教学起点的依据；另一方面可作为确定特殊需要学生的学习目标（包括学期、单元、周、课时目标），为制定个别化教育计划（简称IEP）和教学计划的依据；此外，评估结果还可以作为学校教育教学、管理与评价的依据。

本《评估手册》和《评估材料》作为融合教育学校教师课程调整、教学设计实施和教学评价的参考，可以根据特殊需要学生的学习需要和学习进程，科学、灵活、创造性地使用。

目 录

语文·五年级（上册）

使用指南……………………………………… 3

识字与写字领域……………………………… 7

阅读领域……………………………………… 12

口语交际领域………………………………… 19

习作领域……………………………………… 23

语文·五年级（下册）

使用指南……………………………………… 30

识字与写字领域……………………………… 34

阅读领域……………………………………… 38

口语交际领域………………………………… 47

习作领域……………………………………… 51

数学·五年级（上册）

使用指南……………………………………… 57

数与代数领域……………………………………… 63

图形与几何领域……………………………………… 80

统计与概率领域……………………………………… 86

数学·五年级（下册）

使用指南……………………………………………… 92

数与代数领域……………………………………… 98

图形与几何领域……………………………………… 111

统计与概率领域……………………………………… 116

英语·五年级（上册）

使用指南……………………………………………… 122

听做领域……………………………………………… 126

说唱领域……………………………………………… 128

认读领域……………………………………………… 130

书写领域……………………………………………… 133

英语·五年级（下册）

使用指南……………………………………………… 137

听做领域……………………………………………… 141

说唱领域……………………………………………… 143

认读领域……………………………………………… 145

书写领域……………………………………………… 148

语文·五年级
（上册）

编写人员：

赵 莉　张 琳　唐宁宁　王淑琴　钱正慧　张 华
彭益珍　顾 静

学　校：_____　　年　级：_____
姓　名：_____　　出生日期：_____
评估者：_____　　评估时间：_____

评估标准：

　　3分：独立完成单一知识/技能；或独立完成多重知识/技能100%。

　　2分：独立完成或在单一支持下完成多重知识/技能60%及以上；或在单一支持下完成单一知识/技能。

　　1分：独立完成或在多重支持下完成多重知识/技能20%～60%以内；或在多重支持下完成单一知识/技能。

　　0分：独立完成或在多重支持下完成多重知识/技能20%以下；或在多重支持下无法完成单一知识/技能。

使用指南

一、设计思路

　　五年级上册语文课程评估手册共分为识字与写字、阅读、口语交际、习作四个领域，每个领域的目标由一级目标和二级目标组成，每个二级目标下设置评估项目。本册共计4个领域、17个一级目标、39个二级目标、76个评估项目。识字与写字领域一级目标5个，二级目标9个，评估项目14项；阅读领域一级目标5个，二级目标13个，评估项目26项；口语交际领域一级目标5个，二级目标8个，评估项目16项；习作领域一级目标2个，二级目标9个，评估项目20项。一级目标来自义务教育语文课程标准，二级目标是结合人民教育出版社五年级上册语文教材对一级目标分解而来。每个二级目标下设计有2~4个评估项目，同一个二级目标下的评估项目是按照由独立到提示或难易度排列。如：识字与写字领域二级目标"1.1能认读200个常用汉字"下，有两个评估项目，"1.认读200个常用汉字"，这是评估学生能否独立认读，能认读多少，能读对多少；"2.在提示下认读200个常用汉字"这是评估学生不能独立认读时，在词语、拼音、图片、动作等提示下，能认读多少，能读对多少。每个评估项目后都列出了评估内容/方法，说明评估什么、用什么评估、怎么评估。

二、操作方法

　　评估时，评估者先从第一个评估项目开始，如果被评估的学生在该评估项目上全部通过，直接跳到下一个二级目标的评估项目1继续评估，依此类推。对通过的项目在评估手册的"评估记录"栏中记录评估结果，如："认读200个常用汉字"，如果学生能全部独立认读，就根据评分标准在"评估结果与分析"得分栏中记3分，分析栏中说明该生已经100%掌握五年级上册200个常用汉字的认读，学习目标已达成，建议该生可以进入下一册常用汉字的学习。如果学生能独立认读120个，正确率60%，记2分；如果学生只能独立认读40个，正确率20%，记1分，分析栏中说明该生未能全部掌握，只能独立认读60%或20%，剩余的40%或80%不能独立认读，建议进行提示再评估。

　　如果被评估的学生在评估项目1（独立完成项目）没有全部通过，其中没有通过的评估内容就进入评估项目2（提示下完成项目）继续评估。如果在单一提示下完成，属于2分项；如果在两种或两种以上提示下完成，属于1分项；如果在多重提示下仍然无法完成，属于0分项，都在评估材料中标注评估结果。将处于最近发展区的2分项和1分项分别汇总,填写在评估手册的"评估结果与分析"栏中,并做分析。2分项和1分项是学生可接近性学习目标,从中优先选择迫切需要学习的项目,作为下一阶段的学习目标,填写在"结论与建议"中。

三、评估列举

（一）识字与写字领域

该领域有200个常用汉字,每个汉字在本手册中都有固定编号。例如:汉字"鹭",编号为"1"。在材料一中,如学生不能独立认读,评估者则可在材料二（2-1词语和图片）中依据编号快速找到"鹭"这个字,以评估学生是否能通过看图片/拼音/词语等提示认读出该字。本册生字编号顺序为,1-48号是材料二的汉字,49-53号是材料三的汉字,54-200号是材料四的汉字。

1. 二级目标1.1中,"1.认读200个常用汉字"是评估学生能否独立认读,能读对多少。"2.在提示下认读200个常用汉字"是评估学生不能独立认读时,可以通过让学生看词语、拼音、图片、动作等方式帮助其完成评估。

2. 二级目标1.2中,"3.表达"是指学生可通过说出、比划出、画出等方式表达常用字词的意思。"4.在提示下"是指用语言、动作等方式帮助学生完成评估。

3. 二级目标2.1中,"5.按正确坐姿写字"是评估学生是否养成了良好的书写习惯。学生在进行二级目标3.1评估时,评估者观察、记录即可。

4. 二级目标3.1中,"7.听写220个常用汉字",听写内容见材料十中的220个汉字。"10.用其他的方式"是指学生可以用书空、指写等合适的方式书写汉字完成评估。

5. 二级目标4.1,是评估学生能否用钢笔按格式横写或竖写一首古诗。

6. 二级目标5.1,是评估学生能否说出"欧体"书法作品特点。

7. 二级目标5.2,是评估学生能否用毛笔仿写"欧体"书法作品。

（二）阅读领域

1. 二级目标1.1中,"读准"指发音准确、吐字清晰。"在提示下"指可以通过评估者手指课文内容、范读等方法帮助学生完成评估。

2. 二级目标1.2中,"读通"指不读错字,不丢字、添字,把句子完整、流利地读出来。"在提示下"指可以通过评估者手指课文内容、范读等方法帮助学生完成评估。

3. 二级目标1.3中,"有感情"指正确处理重音、停顿,运用适当的语调、速度和节奏,读时能恰当、自然地流露感情。"在提示下"指可以通过评估者手指课文内容、范读、手势提示、表情提示等方法帮助学生完成评估。

4. 二级目标4.1中，"在评估者指导下"指评估者引导学生勾画每段的关键词句，评估者提示语例：请勾画出第1自然段中的关键词句。

5. 二级目标5.1中，"在提示下"指通过评估者背上半句，学生背下半句或者说出古诗意思等方法帮助学生完成评估。

（三）口语交际领域

1. 口语交际领域主要通过日常观察、询问的方式进行评估，如评估者较熟悉学生，可根据学生日常表现直接评分。如不了解，则可根据评估手册、材料进行评估。五年级上册评估材料参照教材，有的交流主题进行了调整，如《制定校园文明公约》《老师之爱》《我最喜欢的动物形象》《讲民间故事》；有的去除交流过程性信息罗列的环节，如材料三《我最喜欢的动物形象》；每一个交流主题都去掉了提示语。

2. 二级目标1.1评估时，建议更多的是利用日常观察，了解学生与人交流时，能否对别人的发言给予积极回应，这种回应既可以是通过语言表达的方式，也可以是通过动作、表情等。

3. 二级目标2.1和2.2虽然一级目标相同，但是评估的材料不同，侧重点也不同，2.1侧重评估学生是否能在参与讨论之后，作小结；2.2侧重评估学生是否在参与这个话题讨论时，选择恰当的材料支持自己的观点，评估者要注意把控好。

4. 二级目标5.1中，评估"15.控制发言时间"，建议利用日常观察，不要受提供的评估材料限制。

（四）习作领域

1. 二级目标1.1中，"写一个自己熟悉的事物"指能把自己熟悉之物的样子写清楚，表达出自己对它的感受。"在提示下"指评估者通过谈话启发、提供词汇等方法帮助学生完成评估。"写一种家用电器"指能搜集资料，用恰当的说明方法、分段介绍家用电器的不同方面，写清楚家用电器的主要特点。"在提示下"指评估者通过语言描述、提供范例或词汇、指导搜集资料等方法帮助学生完成评估。

2. 二级目标1.2中，"'漫画'同学"指能抓住人物的主要特点，用一两件事例描写自己的同学。"在提示下"指评估者通过谈话启发、提供词汇等方法帮助学生完成评估。

3. 二级目标1.3中，"写一种景物"指能按照一定顺序描写大自然中景物，写出景物的变化。"在提示下"指评估者通过谈话启发、指导观察、提供词汇等方法帮助学生完成评估。

4. 二级目标1.4中，"缩写一个故事"指能阅读指定的故事，并缩写成简短的故事，做到内容完整、情节连贯、与句通顺。"在提示下"指评估者指导学生阅读并缩写故事，通过语言描述、提供范例或词汇等方法帮助学生完成评估。

5. 二级目标1.5中，"写一写心里话"指能写一封信，用恰当的语言倾诉心声，表达情感。"在提示下"指评估者通过谈话启发、提供词汇等方法帮助学生完成评估。

6. 二级目标1.6中，"推荐一部影视作品"指能介绍一部影视作品，分段表述推荐理由，把重要的理由写具体。"在提示下"指评估者通过谈话启发、提供范例或词汇等方法帮助学生完成评估。

7. 二级目标2.1中，"根据习作要求自主修改习作"指学生能根据习作要求自主修改习作，做到语句通顺，行款正确，书写规范、整洁，标点符号使用正确。"在提示下"指评估者通过谈话启发，引导学生根据习作要求自主修改习作。可以通过日常观察学生习作的方式进行评估。

8. 二级目标2.2中，"主动与他人交换修改习作，根据习作要求对他人习作提出自己的建议"指学生乐意与他人分享交流习作，感受习作乐趣，能根据习作要求对他人习作提出自己的看法和建议。"在提示下"指评估者通过谈话启发，鼓励学生与他人分享交流习作，通过谈话交流，引导学生根据习作要求对他人习作提出自己的建议。可以通过日常观察学生习作的方式进行评估。

9. 二级目标2.3中，"根据他人的反馈和建议，修改完善自己的习作"指学生在与同伴、与老师交流的过程中，发现自己习作的问题所在，能根据读者反馈把自己想写的内容写得更具体。"在提示下"指评估者通过谈话启发，引导学生根据读者反馈把自己想写的内容写得更具体。可以通过日常观察学生习作的方式进行评估。

识字与写字领域

姓名：_____ 年级：_____ 评估者：_____ 评估日期：_____

一级目标	二级目标	评估项目		评估记录	评估结果与分析		结论与建议
		序号	评估内容/方法		得分	分析	
1 能认识200个常用汉字	1.1 能认读200个常用汉字	1	认读200个常用汉字 1-1 认读汉字（200个，见材料一）				
		2	在提示下认读200个常用汉字 2-1 看图片/词语，认读汉字（48个，见材料二） 2-2 看动作/词语，认读汉字（5个，见材料三） 2-3 听读音，找出汉字（147个，见材料四）				

语文·五年级（上册）

（续表）

一级目标	二级目标	评估项目		评估内容/方法	评估记录	评估结果与分析		结论与建议
		序号	项目			得分	分析	
	1.2 能表达197个常用字词和17个多音字的意思	3	根据语境表达197个常用字词和17个多音字的意思	3-1 说出/比划出/画出常用字词和多音字的意思（197个常用字词，17个多音字，见材料五）				
		4	在提示下，根据语境表达197个常用字词和17个多音字的意思	4-1 用动作演示常用字词的意思（5个，见材料六）				
				4-2 用语言描述常用字词的意思（180个常用字词，17个多音字，见材料七）				
				4-3 对照汉字，找出相应的图片（12个，见材料八）				

（续表）

一级目标	二级目标	评估项目		评估内容/方法	评估记录	评估结果与分析		结论与建议
		序号	项目			得分	分析	
2 能按正确姿势写字	2.1 能按正确坐姿写字	5	按正确坐姿写字	日常观察				
	2.2 能按正确握笔姿势写字	6	按正确握笔姿势写字	日常观察				
3 会写220个汉字	3.1 能书写220个汉字	7	听写220个常用汉字	7-1 书写听到的汉字（见材料九）				
		8	仿写220个常用汉字	8-1 仿写汉字（见材料十）				

（续表）

一级目标	二级目标	评估项目		评估内容/方法	评估记录	评估结果与分析		结论与建议
		序号	项目			得分	分析	
4 能用钢笔整齐、美观地书写两种行款的古诗		9	描写220个常用汉字	9-1 描写汉字（见材料十一）				
		10	用其他的方式写220个常用汉字	选用合适的方式写出汉字				
	4.1 能按格式横向书写古诗	11	用钢笔横写一首古诗	11-1 书写一首古诗（见材料十二）				
	4.2 能按格式竖向书写古诗	12	用钢笔竖写一首古诗	12-1 书写一首古诗（见材料十三）				

（续表）

一级目标	二级目标	评估项目		评估内容/方法	评估记录	评估结果与分析		结论与建议
		序号	项目			得分	分析	
5 能欣赏并用毛笔书写"欧体"楷书作品	5.1 欣赏"欧体"书法作品，能说出/比划出作品特点	13	说出/比划出"欧体"书法作品特点	13-1 说出/比划出"欧体"书法作品特点（见材料十四）				
	5.2 能用毛笔临摹"欧体"书法作品	14	用毛笔临摹"欧体"书法作品	14-1 用毛笔在毛边纸或宣纸上临摹书法作品（见材料十四）				

阅读领域

姓名：_____ 年级：_____ 评估者：_____ 评估日期：_____

一级目标	二级目标	评估项目		评估内容	评估记录	评估结果与分析		结论与建议
		序号	项目			得分	分析	
1 能用普通话正确、流利、有感情地朗读课文	1.1 能读准字音	1	正确地朗读文章	1-1 朗读文章《莫高窟》《厄运打不垮的信念》第3自然段，第2自然段（见材料一）				
		2	在提示下正确地朗读文章	2-1 在评估者指导下，朗读文章《莫高窟》《厄运打不垮的信念》第3自然段，第2自然段（见材料一）				
	1.2 能读通课文	3	通顺地朗读文章	3-1 朗读文章《莫高窟》《厄运打不垮的信念》第3自然段，第2自然段（见材料一）				
		4	在提示下通顺地朗读文章	4-1 在评估者指导下，朗读文章《莫高窟》《厄运打不垮的信念》第3自然段，第2自然段（见材料一）				

(续表)

一级目标	二级目标	评估项目		评估内容	评估记录	评估结果与分析		结论与建议
		序号	项目			得分	分析	
	1.3 能有感情地朗读课文	5	有感情地朗读文章	5-1 朗读文章《莫高窟》第3自然段，《圆明园的毁灭》第2自然段（见材料一）				
		6	在提示下有感情地朗读文章	6-1 在评估者指导下，朗读文章《莫高窟》第3自然段，《圆明园的毁灭》第2自然段（见材料一）				
2 能有一定速度地默读文章	2.1 能带着问题默读文章	7	带着问题默读文章并回答问题	7-1 带着问题"课文中具体写了哪些景物"默读《莫高窟》，并回答问题（见材料二）				
		8	带着问题默读文章，在提示下回答问题	8-1 带着问题"课文中具体写了哪些景物"默读《莫高窟》，在提示下回答问题（见材料二）				

（续表）

一级目标	二级目标	评估项目		评估记录	评估结果与分析		结论与建议
		序号	项目 评估内容		得分	分析	
	2.2 能边读边想，抓住关键词句	9	说出/比划出文章中的关键词句	9-1 默读《莫高窟》，找出第2至4自然段的中心句（见材料二）			
		10	在提示下说出/比划出文章中的关键词句	10-1 默读《莫高窟》，在提示下找出第2至4自然段的中心句（见材料二）			
3 能体会作者的思想感情，初步领悟文章的基本表达方法	3.1 能说出/比划出作者的思想感情	11	说出/比划出作者的思想感情	11-1 说出/比划出《莫高窟》表达的思想感情（见材料二）			
		12	在提示下说出/比划出作者的思想感情	12-1 在提示下说出/比划出《莫高窟》表达的思想感情（见材料二）			

（续表）

一级目标	二级目标	评估项目		评估内容	评估记录	评估结果与分析		结论与建议
		序号	项目			得分	分析	
	3.2 能说出/比划出文章如何借助具体事物抒发感情	13	说出/比划出文章如何借助具体事物抒发感情	13-1 说出/比划出《莫高窟》借助哪些事物赞扬古代劳动人民的智慧（见材料二）				
		14	在提示下说出/比划出文章如何借助具体事物抒发感情	14-1 在提示下说出/比划出《莫高窟》借助哪些事物赞扬古代劳动人民的智慧（见材料二）				
	3.3 能说出/比划出文章中静态描写和动态描写的内容	15	说出/比划出文章中静态描写和动态描写的语句	15-1 说出/比划出《黄果树瀑布》中静态描写和动态描写的语句（见材料三）				
		16	在提示下说出/比划出文章中静态描写和动态描写的语句	16-1 在提示下说出/比划出《黄果树瀑布》中静态描写和动态描写的语句（见材料三）				

（续表）

一级目标	二级目标	评估项目		评估内容	评估记录	评估结果与分析		结论与建议
		序号	项目			得分	分析	
4 能了解叙事性作品的梗概，简单描述自己印象最深的场景、人物、细节，说出自己的喜爱、憎恶、崇敬、向往、同情等感受	4.1 能梳理文章信息，说出/比划出内容要点	17	梳理文章信息，说出/比划出内容要点	17-1 说出/比划出《厄运打不垮的信念》的内容要点（见材料四）				
		18	在提示下梳理文章信息，说出/比划出内容要点	18-1 在评估者指导下，说出/比划出《厄运打不垮的信念》的内容要点（见材料四）				
	4.2 能创造性地复述故事	19	创造性地复述故事	19-1 创造性地复述《厄运打不垮的信念》（见材料四）				
		20	在提示下创造性地复述故事	20-1 在提示下创造性地复述《厄运打不垮的信念》（见材料四）				

（续表）

一级目标	二级目标	评估项目		评估内容	评估记录	评估结果与分析		结论与建议
		序号	项目			得分	分析	
	4.3 能说出/比划出场景、细节中蕴含的感情	21	说出/比划出场景、细节中蕴含的感情	21-1 说出/比划出你体会到谈迁怎样的精神。（见材料四）				
		22	在提示下说出/比划出场景、细节中蕴含的感情	22-1 在提示下说出/比划出你体会到怎样的精神。（见材料四）				
5 能诵读优秀诗文	5.1 能背诵优秀诗文11首	23	背诵所学的优秀诗文11首	23-1 背诵《蝉》《乞巧》《示儿》《己亥杂诗》《题临安邸》《山居秋暝》《枫桥夜泊》《长相思》《渔歌子》《观书有感》（见材料五）				

（续表）

一级目标	二级目标	评估项目		评估内容	评估记录	评估结果与分析		结论与建议
		序号	项目			得分	分析	
	5.2 能说出/比划出优秀诗文表达的美好情感	24	在提示下背诵所学的优秀诗文11首	24-1 在评估者指导下，背诵《蝉》《乞巧》《示儿》《己亥杂诗》《题临安邸》《山居秋暝》《长相思》《枫桥夜泊》《观书有感》《渔歌子》（见材料五）				
		25	说出/比划出优秀诗文表达的美好情感	25-1 说出/比划出古诗《示儿》表达的感情（见材料五）				
		26	在提示下说出/比划出优秀诗文表达的美好情感	26-1 在提示下说出/比划出古诗《示儿》表达的感情（见材料六）				

口语交际领域

姓名：_____ 年级：_____ 评估者：_____ 评估日期：_____

评估项目			评估内容/方法	评估记录	评估结果与分析		结论与建议
一级目标	二级目标	序号	项目		得分	分析	
1 与人交流时，尊重、理解对方	1.1 与人交流时，能尊重别人的观点，对别人的发言给予积极回应	1	参与制定公约时，尊重别人的观点，对别人的发言给予积极回应	1-1 日常观察、询问或见材料一			
		2	参与制定公约时，尊重别人的观点，在提示下对别人的发言给予积极回应	2-1 日常观察、询问或见材料一			
2 参与讨论时，能大胆发表自己的意见，说清自己的观点	2.1 参与讨论后，能作小结，既总结大家的共同意见，也说明不同意见	3	参与制定公约后，作小结，既总结大家的共同意见，也说明不同意见	3-1 日常观察、询问或见材料一			
		4	参与制定公约后，在提示下作小结，既总结大家的共同意见，也说明不同意见	4-1 日常观察、询问或见材料一			

（续表）

一级目标	二级目标	评估项目		评估内容/方法	评估记录	评估结果与分析		结论与建议
		序号	项目			得分	分析	
	2.2 参与讨论时，能选择恰当的材料支持自己的观点	5	参与一个话题讨论时，选择恰当的材料支持自己的观点	5-1 日常观察，询问或见材料二				
		6	参与一个话题讨论时，在提示下选择恰当的材料支持自己的观点	6-1 日常观察，询问或见材料二				
3 听人说话时，能认真、耐心，抓住要点	3.1 听别人说话时，能抓住要点	7	听别人交流最喜欢的动物形象时，抓住要点	7-1 日常观察，询问或见材料三				
		8	听别人交流最喜欢的动物形象时，在提示下抓住要点	8-1 日常观察，询问或见材料三				

(续表)

一级目标	二级目标	评估项目		评估内容/方法	评估记录	评估结果与分析		结论与建议
		序号	项目			得分	分析	
4 表达时能有条理、语气、语调适当	4.1 在讲故事时，能适当丰富故事的细节	9	在讲神话故事时，适当丰富故事的细节	9-1 日常观察、询问或见材料四				
		10	在讲神话故事时，在提示下适当丰富故事的细节	10-1 日常观察、询问或见材料四				
	4.2 在讲故事时，能配上相应的动作和表情	11	在讲神话故事时，配上相应的动作和表情	11-1 日常观察、询问或见材料四				
		12	在讲神话故事时，在提示下配上相应的动作和表情	12-1 日常观察、询问或见材料四				

（续表）

一级目标	二级目标	评估项目		评估内容/方法	评估记录	评估结果与分析		结论与建议
		序号	项目			得分	分析	
5 能根据对象和场合，稍作准备，作简单的发言	4.3 表达时能分条讲述，把理由说清楚	13	交流最喜欢的动物形象时，分条讲述，把理由说清楚	13-1 日常观察、询问或见材料三				
		14	交流最喜欢的动物形象时，在提示下分条讲述，把理由说清楚	14-1 日常观察、询问或见材料三				
	5.1 能根据对象和场合，发言时要控制时间	15	参与制定公约时，根据对象和场合，控制发言时间	15-1 日常观察、询问或见材料一				
		16	参与制定公约时，在提示下根据对象和场合，控制发言时间	16-1 日常观察、询问或见材料一				

习作领域

姓名：_____　　年级：_____　　评估者：_____　　评估日期：_____

评估项目			评估内容/方法	评估记录	评估结果与分析		结论与建议
一级目标	二级目标	序号			得分	分析	
1 能留心观察周围事物，丰富见闻，积累素材，写简单的记实作文和想象作文，内容具体，感情真实，分段表述	1.1 能写出事物的样子、特点，表达对事物的感受	1	写出熟悉事物的样子、特点，表达对事物的感受	1-1 写一个自己熟悉的事物（见材料一）			
		2	在提示下写出熟悉事物的样子、特点，表达对事物的感受	2-1 在提示下写一个自己熟悉的事物（见材料一）			
		3	搜集资料，用恰当的说明方法写出一种事物的特点	3-1 写一种家用电器（见材料二）			
		4	在提示下搜集资料，用恰当的说明方法写出一种事物的特点	4-1 在提示下写一种家用电器（见材料二）			

（续表）

一级目标	二级目标	评估项目		评估内容/方法	评估记录	评估结果与分析		结论与建议
		序号	项目			得分	分析	
	1.2 能用具体事例写出人物的主要特点	5	用一两件具体事例写出人物的主要特点	5-1 "漫画"同学（见材料三）				
		6	在提示下用一两件具体事例写出人物的主要特点	6-1 在提示下"漫画"同学（见材料三）				
	1.3 能按一定顺序写出景物的动态变化	7	按一定顺序写出景物的动态变化	7-1 写一种景物（见材料四）				
		8	在提示下按一定顺序写出景物的动态变化	8-1 在提示下写一种景物（见材料四）				

（续表）

一级目标	二级目标	评估项目		评估内容/方法	评估记录	评估结果与分析		结论与建议
		序号	项目			得分	分析	
	1.4 能提取主要信息缩写故事	9	提取主要信息缩写故事	9-1 缩写一个故事（见材料五）				
		10	在提示下提取主要信息缩写故事	10-1 在提示下缩写一个故事（见材料五）				
	1.5 能用恰当的语言写出自己的看法和感受	11	用恰当的语言写出自己的看法和感受	11-1 写一写心里话（见材料六）				
		12	在提示下用恰当的语言写出自己的看法和感受	12-1 在提示下写一写心里话（见材料六）				

（续表）

一级目标	二级目标	评估项目		评估内容/方法	评估记录	评估结果与分析		结论与建议
		序号	项目			得分	分析	
	1.6 能借助习作提纲有条理、有重点地分段表述出推荐作品的理由	13	借助习作提纲有条理、有重点地分段表述出推荐作品的理由	13-1 推荐一部影视作品（见材料七）				
		14	在提示下借助习作提纲有条理、有重点地分段表述出推荐作品的理由	14-1 在提示下推荐一部影视作品（见材料七）				
2 能修改自己的习作，并主动与他人交换修改，做到语句通顺，行款正确，书写规范，整洁，标点符号使用正确	2.1 能根据习作要求自主修改习作，做到语句通顺，行款正确，书写规范，整洁，标点符号使用正确	15	根据习作要求自主修改习作	日常习作观察				
		16	在提示下根据习作要求自主修改习作	日常习作观察				

（续表）

一级目标	二级目标	评估项目		评估内容/方法	评估记录	评估结果与分析		结论与建议
		序号	项目			得分	分析	
	2.2 能主动与他人交换修改习作，根据要求对他人习作提出自己的建议	17	主动与他人交换修改习作，根据习作要求对他人习作提出自己的建议	日常习作观察				
		18	在提示下主动与他人交换修改习作，根据习作要求对他人习作提出自己的建议	日常习作观察				
	2.3 能根据他人的反馈和建议，修改完善自己的习作	19	根据他人的反馈和建议，修改完善自己的习作	日常习作观察				
		20	在提示下根据他人的反馈和建议，修改完善自己的习作	日常习作观察				

语文·五年级
（下册）

编写人员：

张　华　彭益珍　张　琳　顾　静　王淑琴　唐宁宁
赵　莉　钱正慧

学　校：_____　　年　级：_____
姓　名：_____　　出生日期：_____
评估者：_____　　评估时间：_____

评估标准：

　　3分：独立完成单一知识/技能；或独立完成多重知识/技能100%。

　　2分：独立完成或在单一支持下完成多重知识/技能60%及以上；或在单一支持下完成单一知识/技能。

　　1分：独立完成或在多重支持下完成多重知识/技能20%~60%以内；或在多重支持下完成单一知识/技能。

　　0分：独立完成或在多重支持下完成多重知识/技能20%以下；或在多重支持下无法完成单一知识/技能。

使用指南

一、设计思路

　　五年级下册语文课程评估手册共分为识字与写字、阅读、口语交际、习作四个领域，每个领域的目标由一级目标和二级目标组成，每个二级目标下设置评估项目。本册共计4个领域、18个一级目标、37个二级目标、71个评估项目。识字与写字领域一级目标5个，二级目标8个，评估项目13项；阅读领域一级目标7个，二级目标14个，评估项目28项；口语交际领域一级目标4个，二级目标7个，评估项目14项；习作领域一级目标2个，二级目标8个，评估项目16项。一级目标来自义务教育语文课程标准，二级目标是结合人民教育出版社五年级下册语文教材对一级目标分解而来。每个二级目标下设计有2~4个评估项目，同一个二级目标下的评估项目是按照由独立到提示或难易度排列。如：识字与写字领域二级目标"1.1能认读200个常用汉字"下，有两个评估项目，"1.认读200个常用汉字"，这是评估学生能否独立认读，能认读多少，能读对多少；"2.在提示下认读200个常用汉字"这是评估学生不能独立认读时，在词语、拼音、图片、动作等提示下，能认读多少，能读对多少。每个评估项目后都列出了评估内容/方法，说明评估什么、用什么评估、怎么评估。

二、操作方法

　　评估时，评估者先从第一个评估项目开始，如果被评估的学生在该评估项目上全部通过，直接跳到下一个二级目标的评估项目1继续评估，依此类推。对通过的项目在评估手册的"评估记录"栏中记录评估结果，如："认读200个常用汉字"，如果学生能全部独立认读，就根据评分标准在"评估结果与分析"得分栏中记3分，分析栏中说明该生已经100%掌握五年级下册200个常用汉字的认读，学习目标已达成，建议该生可以进入下一册常用汉字的学习。如果学生能独立认读120个，正确率60%，记2分；如果学生只能独立认读40个，正确率20%，记1分，分析栏中说明该生未能全部掌握，只能独立认读60%或20%，剩余的40%或80%不能独立认读，建议进行提示再评估。

　　如果被评估的学生在评估项目1（独立完成项目）没有全部通过，其中没有通过的评估内容就进入评估项目2（提示下完成项目）继续评估。如果在单一提示下完成，属于2分项；如果在两种或两种以上提示下完成，属于1分项；如果在多重提示下仍然无法完成，属于0分项，都在评估材料中标注评估结果。将处于最近发展区的2分项和1分项分别汇总，填写在评估手册的"评估结果与分析"栏中，并做分析。2分项和1分项是学生可接近性学习目标，从中优先选择迫切需要学习的项目，作为下一阶段的学习目标，填写在"结论与建议"中。

三、评估列举

（一）识字与写字领域

该领域有200个常用汉字，每个汉字在本手册中都有固定编号。例如：汉字"蚱"，编号为"1"。在材料一中，如学生不能独立认读，评估者则可在材料二（2-1词语和图片）中依据编号快速找到"蚱"这个字，以评估学生是否能通过看图片／拼音／词语等提示认读出该字。本册生字编号顺序为，1-26号是材料二的汉字，27-34号是材料三的汉字，35-200号是材料四的汉字。

1. 二级目标1.1中，"1.认读200个常用汉字"是评估学生能否独立认读，能读对多少。"2.在提示下认读200个常用汉字"是评估学生不能独立认读时，可以通过让学生通过看词语、拼音、图片、动作等方式帮助其完成评估。

2. 二级目标1.2中，"3.表达"是指学生可通过说出、比划出、画出等方式表达常用字词的意思。"4.在提示下"是指用语言、动作等方式帮助学生完成评估。

3. 二级目标2.1中，"5.按正确坐姿写字"是评估学生是否养成了良好的书写习惯。学生在进行二级目标3.1评估时，评估者观察、记录即可。

4. 二级目标3.1中，"7.听写180个常用汉字"，听写内容见材料十中的180个汉字。"10.用其他的方式"是指学生可以用书空、指写等合适的方式书写汉字完成评估。

5. 二级目标4.1，是评估学生能否用钢笔按格式横写篇章。

6. 二级目标5.1，是评估学生能否说出"颜体"书法作品特点。

7. 二级目标5.2，是评估学生能否用毛笔仿写"颜体"书法作品。

（二）阅读领域

1. 二级目标1.1中，"读准"指发音准确、吐字清晰。"在提示下"指可以通过评估者手指课文内容、范读等方法帮助学生完成评估。

2. 二级目标1.2中，"读通"指不读错字、不丢字、添字，把句子完整、流利地读出来。"在提示下"指可以通过评估者手指课文内容、范读等方法帮助学生完成评估。

3. 二级目标1.3中，"有感情"指正确处理重音、停顿，运用适当的语调、速度和节奏，读时能恰当、自然地流露感情。"在提示下"指可以通过评估者手指课文内容、范读、手势提示、表情提示等方法帮助学生完成评估。

4. 二级目标3.1中，"在提示下"指评估者引导学生说出"孪生兄弟"在文中的意思，评估者提示语例："孪生兄弟"在生活中指双胞胎，长得一模一样的兄弟俩，那么这个词在文中是什么意思呢？

5. 二级目标3.3中，"在提示下"指评估者引导学生说出文中风趣的词语，评估者提示语例：第1自然段中用了一个风趣的词来比喻火星和地球非常相像，这个风趣的词是什么？

6. 二级目标7.1中，"在提示下"指通过评估者背上半句，学生背下半句或者说出古诗意思等方法帮助学生完成评估。

（三）口语交际领域

1. 口语交际领域主要通过日常观察、询问的方式进行评估，如评估者较熟悉学生，可根据学生日常表现直接评分。如不了解，则可根据评估手册、材料进行评估。五年级下册评估材料参照教材，有的去掉讨论内容的提示，如材料一《怎么表演课本剧》；有的去掉提示小气泡，如材料二《走进他们的童年岁月》；有的去掉讲解方法或注意要点，如材料三《我是小小讲解员》、材料四《我们都来讲笑话》。

2. 二级目标1.1和1.2没有评估顺序要求，评估者可以根据实际情况，机动安排评估顺序。

3. 二级目标2.1要比3.1难，如果学生直接通过3.1的评估，2.1就不用再评估了。

4. 二级目标3.1和3.2中，"条理、顺序"是表达或讲述的关键要求，如果这些要求需要提示或无法达成，评估者在评估记录中要进行记录和分析。

5. 二级目标4.1评估时，建议更多的是利用日常观察，了解学生日常交流中，是否避免不良的口语习惯。

（四）习作领域

1. 二级目标1.1中，"写一件自己的童年趣事"指能选择自己童年时发生的一件有趣的事情，把事情经过写清楚、情形写具体，记录真实感受。"在提示下"指评估者通过谈话启发、提供词汇等方法帮助学生完成评估。

2. 二级目标1.2中，"写一件他（她）给自己留下印象深刻的事"指能选择某人给自己留下深刻印象的事情，把经过写清楚，从动作、语言、神态等多个角度把人物当时的表现写具体。"在提示下"指评估者通过谈话启发、提供词汇等方法帮助学生完成评估。

3. 二级目标1.3中，"写一个自己想夸赞的人"指能选择典型的事例，通过描写语言、动作、外貌、神态、心理等，具体地表现人物的特点。"在提示下"指评估者通过谈话启发、提供词汇等方法帮助学生完成评估。

4. 二级目标1.4中，"编写一个'寻宝'故事"指能借助提示、展开想象，按事情发展的顺序编写一个"寻宝"故事，把"寻宝"途中遇到的困境、求生的方法写具体。"在提示下"指评估者通过谈话启发、提供词汇等方法引导学生展开想象创编故事，帮助学生完成评估。

5. 二级目标1.5中，"介绍杭州的一处世界文化遗产"指能搜集资料，清楚地介绍杭州的一处世界文化遗产。"在提示下"指评估者通过谈话启发、指导学生搜集资料、提供词汇等方法帮助学生完成评估。

6. 二级目标1.6中，"看漫画，写出自己的想法"指能在读懂图意的基础上，把漫画的内容写清楚，写出自己从中受到的启示。"在提示下"指评估者通过谈话启发、提供词汇等方法帮助学生完成评估。

7. 二级目标2.1中，"写一篇读后感"指能选择读过的一篇文章或一本书写读后感。"在提示下"指评估者通过谈话启发、提供词汇等方法帮助学生完成评估。

8. 二级目标2.2中，"写一篇研究报告"指能对搜集的资料或调查的情况进行整理，写简单的研究报告。"在提示下"指评估者通过谈话启发、指导搜集资料开展调查、提供范例或词汇等方法帮助学生完成评估。

识字与写字领域

姓名：_____　年级：_____　评估者：_____　评估日期：_____

一级目标	二级目标	评估项目		评估内容/方法	评估记录	评估结果与分析		结论与建议
		序号	项目			得分	分析	
1 能认识200个常用汉字	1.1 能认读200个常用汉字	1	认读200个常用汉字	1-1 认读汉字（200个，见材料一）				
		2	在提示下认读200个常用汉字	2-1 看图片/词语，认读汉字（26个，见材料二）				
				2-2 看动作/词语，认读汉字（8个，见材料三）				
				2-3 听读音，找出汉字（166个，见材料四）				

（续表）

一级目标	二级目标	评估项目		评估内容/方法	评估记录	评估结果与分析		结论与建议
		序号	项目			得分	分析	
	1.2 能表达196个常用字词和11个多音字的意思	3	根据语境表达196个常用字词和11个多音字的意思	3-1 说出/比划出/画出常用字词和多音字的意思（196个常用字词，11个多音字，见材料五）				
		4	在提示下，根据语境表达196个常用字词和11个多音字的意思	4-1 用动作演示常用字词的意思（8个，见材料六）				
				4-2 用语言描述常用字词的意思（178个常用字词，11个多音字，见材料七）				
				4-3 对照汉字，找出相应的图片（10个，见材料八）				
2 能按正确姿势写字	2.1 能按正确坐姿写字	5	按正确坐姿写字	日常观察				

（续表）

一级目标	二级目标	评估项目		评估内容/方法	评估记录	评估结果与分析		结论与建议
		序号	项目			得分	分析	
	2.2 能按正确握笔姿势写字	6	按正确握笔姿势写字	日常观察				
3 会写180个汉字	3.1 能书写180个汉字	7	听写180个常用汉字	7-1 书写听到的汉字（见材料九）				
		8	仿写180个常用汉字	8-1 仿写汉字（见材料十）				
		9	描写180个常用汉字	9-1 描写汉字（见材料十一）				
		10	用其他方式写180个常用汉字	选用合适的方式写出汉字				

（续表）

评估项目			评估内容/方法	评估记录	评估结果与分析		结论与建议
一级目标	二级目标	序号	项目		得分	分析	
4 能用钢笔整齐、美观地书写篇章	4.1 能按格式书写篇章	11	用钢笔书写篇章	11-1 书写篇章（见材料十二）			
5 能欣赏并用毛笔书写"颜体"楷书作品	5.1 欣赏"颜体"书法作品，能说出/比划出特点	12	说出/比划出"颜体"书法作品特点	12-1 说出/比划出"颜体"书法作品特点（见材料十三）			
	5.2 能用毛笔临摹"颜体"书法作品	13	用毛笔临摹"颜体"书法作品	13-1 用毛笔在毛边纸或宣纸上临摹书法作品（见材料十三）			

阅读领域

姓名：_____ 年级：_____ 评估者：_____ 评估日期：_____

一级目标	二级目标	评估项目		评估内容	评估记录	评估结果与分析		结论与建议
		序号	项目			得分	分析	
1 能用普通话正确、流利、有感情地朗读课文	1.1 能读准字音	1	正确地朗读文章	1-1 朗读文章《司马迁发奋写〈史记〉》第3自然段、《火星——地球的"孪生兄弟"》第3自然段（见材料一）				
		2	在提示下正确地朗读文章	2-1 在评估者指导下，朗读文章《司马迁发奋写〈史记〉》第3自然段、《火星——地球的"孪生兄弟"》第3自然段（见材料一）				
	1.2 能读通课文	3	通顺地朗读文章	3-1 朗读文章《司马迁发奋写〈史记〉》第3自然段、《火星——地球的"孪生兄弟"》第3自然段（见材料一）				

（续表）

一级目标	二级目标	评估项目		评估内容	评估记录	评估结果与分析		结论与建议
		序号	项目			得分	分析	
	1.3 能有感情地朗读课文	4	在提示下通顺地朗读文章	4-1 在评估者指导下，朗读备写《司马迁发愤写〈史记〉》第3自然段，《火星——地球的"孪生兄弟"》第3自然段（见材料一）				
		5	有感情地朗读文章	5-1 朗读文章《司马迁发愤写〈史记〉》第3自然段，《火星——地球的"孪生兄弟"》第3自然段（见材料一）				
		6	在提示下有感情地朗读文章	6-1 在评估者指导下，朗读备写《司马迁发愤写〈史记〉》第3自然段，《火星——地球的"孪生兄弟"》第3自然段（见材料一）				

（续表）

一级目标	二级目标	评估项目		评估内容	评估记录	评估结果与分析		结论与建议
		序号	项目			得分	分析	
2 能在浏览文章时根据需要搜集信息	2.1 能说出/比划出浏览文章时搜集到的信息	7	说出/比划出浏览文章时搜集到的信息	7-1 浏览《火星——地球的"孪生兄弟"》第1自然段，说出/比划出搜集到的信息（见材料二）				
		8	在提示下说出/比划出浏览文章时搜集到的信息	8-1 浏览《火星——地球的"孪生兄弟"》第1自然段，在提示下说出/比划出搜集到的信息（见材料二）				
3 能联系上下文和自己的积累，推想课文中有关词句的意思，辨别词语的感情色彩，体会其表达效果	3.1 能联系上下文推测词语的意思	9	根据推测说出/比划出词语的意思	9-1 根据推测说出/比划出"孪生兄弟"的意思（见材料二）				

40

(续表)

一级目标	二级目标	评估项目		评估内容	评估记录	评估结果与分析		结论与建议
		序号	项目			得分	分析	
	3.2 能联系上下文推测句子的意思	10	在提示下,根据推测说出/比划出词语的意思	10-1 在提示下,根据推测说出/比划出"孪生兄弟"的意思（见材料二）				
		11	根据推测说出/比划出句子的意思	11-1 根据推测说出/比划出"彼此碰撞是家常便饭"的意思（见材料二）				
		12	在提示下,根据推测说出/比划出句子的意思	12-1 在提示下,根据推测说出/比划出"彼此碰撞是家常便饭"的意思（见材料二）				
	3.3 能说出/比划出文章中风趣的语言	13	说出/比划出文章中较风趣的语句	13-1 说出/比划出《火星——地球的"孪生兄弟"》中较风趣的语句（见材料二）				

（续表）

一级目标	二级目标	评估项目		评估记录	评估结果与分析		结论与建议
		序号	项目		得分	分析	
4 能在阅读中了解文章的表达顺序，体会作者的思想感情，初步领悟文章的基本表达方法	4.1 能说出/比划出文章中人物的思维过程	14	在提示下说出/比划出文章中较风趣的语句	14-1 在提示下说出/比划出《火星——地球的"孪生兄弟"》中较风趣的语句（见材料二）			
		15	说出/比划出文章中人物的思维过程	15-1 说出/比划出《司马迁发奋写〈史记〉》中人物的思维过程（见材料一）			
		16	在提示下说出/比划出文章中人物的思维过程	16-1 在提示下说出/比划出《司马迁发奋写〈史记〉》中人物的思维过程（见材料一）			
	4.2 能说出/比划出静态描写和动态描写的表达效果	17	说出/比划出静态描写和动态描写的表达效果	17-1 说出/比划出《灰椋鸟》中静态描写和动态描写的表达效果（见材料三）			

（续表）

一级目标	二级目标	评估项目		评估记录	评估结果与分析		结论与建议
		序号	项目	评估内容			
					得分	分析	
5 能简单描述自己印象最深的场景、人物、细节，说出自己的喜爱、憎恶、崇敬、向往、同情等感受	5.1 能说出/比划出课文中描写动作、语言、神态的语句	18	在提示下说出/比划出静态描写和动态描写的表达效果	18-1 在提示下说出/比划出《灰椋鸟》中静态描写和动态描写的表达效果（见材料三）			
		19	说出/比划出文章描写动作、语言、神态的语句	19-1 说出/比划出《司马迁发愤写〈史记〉》中描写动作、语言、神态的语句（见材料四）			
		20	在提示下说出/比划出描写动作、语言、神态的语句	20-1 在评估者指导下，说出/比划出《司马迁发愤写〈史记〉》中描写动作、语言、神态的语句（见材料四）			

(续表)

一级目标	二级目标	评估项目		评估内容	评估记录	评估结果与分析		结论与建议
		序号	项目			得分	分析	
	5.2 说出/比划出文章描写动作、语言、神态的语句所反映的人物的内心世界	21	说出/比划出文章描写动作、语言、神态的语句所反映的人物的内心世界	21-1 说出/比划出《司马迁发奋写〈史记〉》中描写动作、语言、神态的语句所反映的人物的内心世界（见材料四）				
		22	在提示下说出/比划出文章描写动作、语言、神态的语句所反映的人物的内心世界	22-1 在提示下说出/比划出《司马迁发奋写〈史记〉》中描写动作、语言、神态的语句所反映的人物的内心世界（见材料四）				
6 能体会顿号和逗号的不同用法	6.1 能区分顿号和逗号的不同用法	23	区分顿号和逗号的不同用法	23-1 给句子填上合适的标点符号（见材料二）				
		24	在提示下区分顿号和逗号的不同用法	24-1 在评估者指导下，给句子填上合适的标点符号（见材料二）				

(续表)

一级目标	二级目标	评估项目		评估内容	评估记录	评估结果与分析		结论与建议
		序号	项目			得分	分析	
7 能诵读优秀诗文	7.1 能背诵优秀诗文11首	25	背诵所学的优秀诗文11首	25-1 背诵《四时田园杂兴（其三十一）》《稚子弄冰》《村晚》《游子吟》《从军行》《秋夜将晓出篱门迎凉有感》《闻官军收河南河北》《凉州词》《黄鹤楼送孟浩然之广陵》《乡村四月》（见材料五）				
		26	在提示下背诵所学的优秀诗文11首	26-1 在评估者指导下，背诵《四时田园杂兴（其三十一）》《稚子弄冰》《村晚》《游子吟》《从军行》《秋夜将晓出篱门迎凉有感》《闻官军收河南河北》《凉州词》《黄鹤楼送孟浩然之广陵》《乡村四月》（见材料五）				

（续表）

一级目标	二级目标	评估项目		评估内容	评估记录	评估结果与分析		结论与建议
		序号	项目			得分	分析	
	7.2 能说出/比划出优秀诗文表达的美好情感	27	说出/比划出优秀诗文表达的美好情感	27-1 说出/比划出古诗《从军行》表达的感情（见材料五）				
		28	在提示下说出/比划出优秀诗文表达的美好情感	28-1 在提示下说出/比划出古诗《从军行》表达的感情（见材料六）				

口语交际领域

姓名：_____ 年级：_____ 评估者：_____ 评估日期：_____

一级目标	二级目标	评估项目		评估内容/方法	评估记录	评估结果与分析		结论与建议
		序号	项目			得分	分析	
1 与人交流时，能尊重、理解对方	1.1 主持讨论时，能引导每个人发表意见	1	主持讨论表演课本剧时，引导每个人发表意见	1-1 日常观察、询问或见材料一				
		2	主持讨论表演课本剧时，在提示下引导每个人发表意见	2-1 日常观察、询问或见材料一				
	1.2 与人交流时，尊重大家的共同决定	3	主持讨论表演课本剧时，尊重大家的共同决定	3-1 日常观察、询问或见材料一				
		4	主持讨论表演课本剧时，在提示下尊重大家的共同决定	4-1 日常观察、询问或见材料一				

(续表)

评估项目			评估内容/方法	评估记录	评估结果与分析		结论与建议
一级目标	二级目标	序号 项目			得分	分析	
2 听人说话时，认真、耐心	2.1 听人说话时，能认真倾听，边听边记录	5 听人交流童年岁月时，认真倾听，边听边记录	5-1 日常观察、询问或见材料二				
		6 听人交流童年岁月时，在提示下认真倾听，边听边记录	6-1 日常观察、询问或见材料二				
3 表达时能有条理，语气、语调适当	3.1 能根据整理的记录有条理地表达	7 根据他人交流童年岁月时整理的记录，有条理地表达	7-1 日常观察、询问或见材料二				
		8 根据他人交流童年岁月时整理的记录，在提示下有条理地表达	8-1 日常观察、询问或见材料二				

（续表）

一级目标	二级目标	序号	项目	评估内容/方法	评估记录	评估结果与分析		结论与建议
						得分	分析	
	3.2 能列提纲，按照一定的顺序讲述	9	列提纲，按照一定的顺序进行讲解	9-1 日常观察、询问或见材料三				
		10	列提纲，在提示下按照一定的顺序进行讲解	10-1 日常观察、询问或见材料三				
	3.3 能根据听众的反应，对讲解的内容作调整	11	讲解时，根据听众的反应，对讲解的内容作调整	11-1 日常观察、询问或见材料三				
		12	讲解时，根据听众的反应，在提示下对讲解的内容作调整	12-1 日常观察、询问或见材料三				

（续表）

一级目标	二级目标	评估项目		评估内容/方法	评估记录	评估结果与分析		结论与建议
		序号	项目			得分	分析	
4 能注意语言美，抵制不文明的语言	4.1 能避免不良的口语习惯	13	讲笑话时，避免不良的口语习惯	13-1 日常观察、询问或见材料四				
		14	讲笑话时，在提示下避免不良的口语习惯	14-1 日常观察、询问或见材料四				

习作领域

姓名：＿＿＿＿＿＿　年级：＿＿＿＿＿＿　评估者：＿＿＿＿＿＿　评估日期：＿＿＿＿＿＿

一级目标	二级目标	评估项目		评估内容/方法	评估记录	评估结果与分析		结论与建议
		序号	项目			得分	分析	
1 能留心观察周围事物，丰富见闻，积累素材，写简单的记实作文和想象作文，内容具体，感情真实，分段表述	1.1 能具体写出自己所经历事件的重点部分	1	具体写出自己所经历事件的重点部分	1-1 写一件自己的童年趣事（见材料一）				
		2	在提示下具体写出自己所经历事件的重点部分	2-1 在提示下写一件自己的童年趣事（见材料一）				
	1.2 能从多个角度写出人物经历事件时的具体表现、内心状态	3	从多个角度写出人物经历事件时的具体表现、内心状态	3-1 写一件他（她）给自己留下印象深刻的事（见材料二）				
		4	在提示下从多个角度写出人物经历事件时的具体表现、内心状态	4-1 在提示下写一件他（她）给自己留下印象深刻的事（见材料二）				

语文·五年级（下册）

51

（续表）

一级目标	二级目标	评估项目		评估内容/方法	评估记录	评估结果与分析		结论与建议
		序号	项目			得分	分析	
	1.3 能选取典型事例多个角度写出人物的特点	5	选取典型事例多个角度写出人物的特点	5-1 写一个自己想夸赞的人（见材料三）				
		6	在提示下选取典型事例多个角度写出人物的特点	6-1 在提示下写一个自己想夸赞的人（见材料三）				
	1.4 能根据情境编写故事，具体写出事情发展变化的过程	7	根据情境编写故事，具体写出事情发展变化的过程	7-1 编写一个"寻宝"故事（见材料四）				
		8	在提示下根据情境编写故事，具体写出事情发展变化的过程	8-1 在提示下编写一个"寻宝"故事（见材料四）				

（续表）

一级目标	二级目标	评估项目		评估内容/方法	评估记录	评估结果与分析		结论与建议
		序号	项目			得分	分析	
	1.5 能搜集资料描写一个地方	9	搜集资料描写一个地方	9-1 介绍杭州的一处世界文化遗产（见材料五）				
		10	在提示下搜集资料描写一个地方	10-1 在提示下介绍杭州的一处世界文化遗产（见材料五）				
	1.6 能看懂漫画写出想法	11	看懂漫画，写出自己的想法	11-1 看漫画，写出自己的想法（见材料六）				
		12	在提示下看懂漫画，写出自己的想法	12-1 在提示下看漫画，写出自己的想法（见材料六）				

（续表）

一级目标	二级目标	评估项目		评估内容/方法	评估记录	评估结果与分析		结论与建议
		序号	项目			得分	分析	
2 能写读书笔记和常见应用文	2.1 能写出读后感	13	写一篇读后感	13-1 写一篇读后感（见材料七）				
		14	在提示下写一篇读后感	14-1 在提示下写一篇读后感（见材料七）				
	2.2 能写简单的研究报告	15	写一篇简单的研究报告	15-1 写一篇研究报告（见材料八）				
		16	在提示下写一篇研究报告	16-1 在提示下写一篇研究报告（见材料八）				

数学·五年级
（上册）

编写人员：

芮代琴　吴振兰　翁丽丽　宋晓杰　李月月　刘　婷

刘加芳　赵　敏　茅　成

学　　校：_____　　年　　级：_____
姓　　名：_____　　出生日期：_____
评 估 者：_____　　评估时间：_____

评估标准：

　　3分：独立完成单一知识/技能；或独立完成多重知识/技能100%。

　　2分：独立完成或在单一支持下完成多重知识/技能60%及以上；或在单一支持下完成单一知识/技能。

　　1分：独立完成或在多重支持下完成多重知识/技能20%~60%以内；或在多重支持下完成单一知识/技能。

　　0分：独立完成或在多重支持下完成多重知识/技能20%以下；或在多重支持下无法完成单一知识/技能。

使用指南

一、设计思路

五年级上册数学课程评估手册一共分为数与代数、图形与几何、统计与概率三个领域，每个领域的目标由一级目标、二级目标和三级目标组成。数与代数领域一级目标3个，二级目标5个，三级目标26个，评估项目52项；图形与几何领域一级目标1个，二级目标7个，三级目标12个，评估项目24项；统计与概率领域一级目标1个，二级目标3个，三级目标7个，评估项目14个。一级目标、二级目标均来自第二学段（4~6年级）义务教育数学课程标准（2011版），三级目标是结合现行五年级上册数学教材对二级目标分解而来。每个三级目标下设计有2个评估项目，同一个三级目标下的评估项目是按照由独立到提示或按难易度排列。

例如：数与代数领域中，三级目标"1.1.1能结合具体情境说出/比划出一位小数表示十分之几，两位小数表示百分之几，三位小数表示千分之几……"对应两个评估项目，"1.说出/比划出一位小数表示十分之几，两位小数表示百分之几，三位小数表示千分之几……"，这是评估学生能否独立完成用小数表示分数十分之几、百分之几、千分之几的题目；"2.在提示下，说出和比划出一位小数表示十分之几，两位小数表示百分之几，三位小数表示千分之几……"这是评估学生不能独立完成用小数表示分数十分之几、百分之几、千分之几的题目时，在评估者给予语言、动作等提示下，能否表示出来。每个评估项目后都列出了相对应的评估内容/方法，说明评估什么、用什么评估、怎么评估。

二、操作方法

评估时，评估者先从第一个评估项目开始，如果被评估学生在该评估项目上全部通过，则直接跳到下一个三级目标的评估项目1继续评估，依次类推。对通过的项目在评估手册的"评估记录"栏中记录评估结果，例如："说出/比划出一位小数表示十分之几，两位小数表示百分之几，三位小数表示千分之几……"的项目，评估材料中"填一填"有两题，第一题是把计量单位作为单位"1"，第二题是将图形看做单位"1"，如果学生都能独立完成所有题目，根据评分标准在得分栏中记3分，在"评估结果与分析"栏中说明该生已经理解了小数的意义，学习目标已达成，这也是该生的现有能力水平，建议该生可以进入后面关联知识的学习。

如果被评估的学生在评估项目1（独立完成项目）中的题目没有全部通过，就进入评估项目2（提示下完成项目）继续评估未通过的评估内容。如果独立或在单一提示下完成多重知识的60%及以上记2分；如果独立或在多重提示下完成多重知识的20%~60%，记1分；如果独立或在多重提示下完成多重知识的20%以下，记为0分，并在评估材料中标注没有通过的评估题目。评估者将处于所有的2分项和1分项分别汇总，填写在评估手册的"评估结果与分析"栏中，并做分析，这是学生可接近性学习目标，从中优先选择迫切需要学习的项目，作为下一阶段的学习目标，填写在"结论与建议"中。

三、评估例举

（一）数与代数

1. 三级目标1.1.1中，"在提示下"指评估者通过语言或动作等提示方式，如语言提示：8角就是把1元平均分成10份，8角是其中的8份，也就是几分之几？十分之几可以写成几位小数，帮助学生完成评估。

2. 三级目标1.1.2中，"在提示下"指评估者通过语言或动作等提示方式，如语言提示：中间的这个点叫做什么？小数点的左边是什么部分？小数点的右边是什么部分，帮助学生完成评估。

3. 三级目标1.1.3中，"在提示下"指评估者通过语言或动作等提示方式，如语言提示：读小数时先读整数部分，再读小数点，最后读小数部分，或评估者示范读，帮助学生完成评估。

4. 三级目标1.2.1中，"在提示下"指评估者通过语言、动作或视觉提示等提示方式，如评估者可以提供数位顺序表，帮助学生完成评估。

5. 三级目标1.2.2中，"在提示下"指评估者通过语言或示范等提示方式，如语言提示：我们常用的是十进制计数法，所谓"十进制"就是每相邻的两个计数单位之间的关系是：一个大单位等于十个小单位，也就是说它们之间的进率是多少，帮助学生完成评估。

6. 三级目标1.2.3中，"在提示下"指评估者通过语言或动作等提示方式，如语言提示：小数的末尾添上"0"或去掉"0"，小数的大小不变，帮助学生完成评估。

7. 三级目标1.2.4中，在"在提示下"指评估者通过语言或动作等提示方式，如语言提示：比较两个小数，先看他们的整数部分，整数部分大的那个数较大；整数部分相同时，十分位的数大的那个数较大；十分位上的数也相同时，百分位上的数大的那个数较大……像这样，从高往低一位一位地比下去，直至确定两个数的大小为止，帮助学生完成评估。

8. 三级目标1.2.5中，"在提示下"指评估者通过语言或动作等提示方式，如语言提示：

把一个数改写成用"万"作单位的数，只要在万位右边点上小数点，并在数的后面添上"万"字；把一个数改写成"亿"作单位，只要在亿位右边点上小数点，并在后面添上"亿"字，帮助学生完成评估。

9. 三级目标1.2.6中，"在提示下"指评估者通过语言或动作等提示方式，如语言提示：求一个小数的近似数首先弄清楚保留几位小数，其次根据要求确定看哪一位上的数，最后用"四舍五入"法求得结果，帮助学生完成评估。

10. 三级目标2.1.1、2.1.2、2.1.3和2.1.4中，学生既要规范书写竖式，也要正确计算，则为正确完成一道题目。"在提示下"指评估者通过语言或示范计算等提示方式，帮助学生完成评估。

11. 三级目标2.1.5中，"在提示下"指评估者通过语言或动作等提示方式，如语言提示：我们在进行小数四则混合运算时，先算什么，再算什么。有括号的时候，先算什么，帮助学生完成评估。

12. 三级目标2.2.1中，"在提示下"指评估者通过语言或动作等提示方式，如语言提示：整数和小数的加减法计算都需要将什么对齐，从高位还是低位算起；计算小数乘法时，先把小数当成什么算，再根据乘数中的小数位数确定积的小数位数；计算小数除法时，除数是整数的小数除法要先当做整数除法来计算，除数是小数的除法先把除数转化成什么数再计算；小数混合运算顺序与整数相同还是不同，整数加法、乘法运算律对于小数加法、乘法是否适用，帮助学生完成评估。

13. 三级目标3.1.1中，"在提示下"指评估者通过语言或动作等提示方式，如语言提示：我们可以列出数量关系（1）章明跳高的高度+0.13=李伟跳高的高度（2）一共的耕地公顷数=上午耕地的公顷数+下午耕地的公顷数，帮助学生完成评估。

14. 三级目标3.1.2中，"在提示下"指评估者通过语言或动作等提示方式，如语言提示：我们可以列出数量关系（1）下降的体温数=20时的体温−24时的体温（2）体温差=最高体温−最低体温，帮助学生完成评估。

15. 三级目标3.1.3中，"在提示下"指评估者通过语言或动作提示，如语言提示：我们可以列出数量关系（1）总价=单价×数量（2）蛋白质总量=黄豆每千克含有的蛋白质量×黄豆数量，帮助学生完成评估。

16. 三级目标3.1.4中，"在提示下"指评估者通过语言或动作等提示方式，如语言提示：我们可以列出数量关系（1）平均每个鸡蛋质量=鸡蛋总质量÷鸡蛋个数（2）短袖上衣的件数=布料总米数÷每件短袖上衣需要的米数，帮助学生完成评估。

17. 三级目标3.1.5中，"在提示下"指评估者通过语言或动作等提示方式，如语言提示：（1）先算除了一楼其他楼的总高度，再算除一楼外有多少层，最后再加上1（2）先算一箱可以卖多少钱，再减去一箱的批发价钱（3）先算教室的总面积，再算需要边长0.3米的正方形地砖多少块，帮助学生完成评估。

18. 三级目标3.2.1中，"在提示下"指评估者通过语言描述、画图、动手操作等提示方式，如语言提示：你知道公交车间隔多久发车吗？帮助学生完成评估。

19. 三级目标3.2.2中，"在提示下"指评估者通过语言描述、画图、动手操作等提示方式，如语言提示：两个人之间只需要通电话一次，那么两个人相互寄贺卡，贺卡需要几张呢？帮助学生完成评估。

20. 三级目标3.3.1中，"在提示下"是指评估者通过语言或动作等提示方式，如语言提示：要求一共有多少本，就要把原有的图书本数与又买来的图书本数合起来，帮助学生完成评估。

21. 三级目标3.3.2中，"在提示下"是指评估者通过语言或动作等提示方式，如语言提示：等边三角形的特征是三边相等，所以它的周长是a+a+a，也就是_____；正方形的周长=边长×4，面积=边长×边长，把边长是a代入，帮助学生完成评估。

22. 三级目标3.3.3中，"在提示下"是指评估者通过语言或动作等提示方式，如语言提示：要求剩下的吨数，就要先求出总共运来的吨数减去供应给菜场的吨数，再把a=16代入公式求出剩下的吨数，帮助学生完成评估。

23. 三级目标3.3.4中，"在提示下"是指评估者通过语言或动作等提示方式，如语言提示：化简5x+16x，可以联系乘法运算的意义，5个x加16个x就是_____，帮助学生完成评估。

（二）图形与几何

1. 三级目标1.1.1中，"在提示下"指评估者通过语言或图片等提示方式，如语言提示：如果把左边的直角三角形移到右边，就变成了一个长方形，回忆长方形的面积公式，在图片上标记出底和高，尝试说出平行四边形的面积公式，帮助学生完成评估。

2. 三级目标1.1.2中，"在提示下"指评估者通过语言等提示方式，如语言提示：平行四边形的底是多少？高是多少？利用面积公式计算出结果，帮助学生完成评估。

3. 三级目标1.2.1中，"在提示下"指评估者通过语言或图片等提示方式，如语言提示：如果在上面补上一个一样的三角形，图形就变成了平行四边形，那么三角形的面积就是平行四边形面积的一半，所以三角形的面积公式应该是怎样的？帮助学生完成评估。

4. 三级目标1.2.2中，"在提示下"指评估者通过语言等提示方式，如语言提示：三角形的底是多少？高是多少？利用面积公式计算出结果，帮助学生完成评估。

5. 三级目标1.3.1中，"在提示下"指评估者通过语言或图片等提示方式，如语言提示：如果在上面补上一个一样的梯形，图形就变成了一个大平行四边形，那么梯形的面积就是平行四边形面积的一半，在图片上标记出上底、下底和高，尝试说出梯形的面积公式，帮助学生完成评估。

6. 三级目标1.3.2中，"在提示下"指评估者通过语言等提示方式，如语言提示：梯形的上底和下底是多少，高是多少，利用面积公式计算出结果，帮助学生完成评估。

7. 三级目标1.4.1中，"在提示下"指评估者通过语言等提示方式，如语言提示：如果把图形拆开，可以变成哪两种熟悉的图形？三角形的底是多少？高是多少？平行四边形的底是多少？高是多少？利用公式分别计算面积再相加，帮助学生完成评估。

8. 三级目标1.5.1中，"在提示下"指评估者通过语言等提示方式，如语言提示：先数完整的格子，不完整的算一半，尝试计算出面积，帮助学生完成评估。

9. 三级目标1.6.1中，"在提示下"指评估者通过语言等提示方式，如语言提示：正方形的面积公式是边长乘边长，面积是1平方千米时，边长应该是多少米？面积是1公顷时，边长应该是多少米？帮助学生完成评估。

10. 三级目标1.6.2中，"在提示下"指评估者通过语言等提示方式，如语言提示：将平方千米、公顷都转化成平方米来表示，就可以找到三者之间的关系，帮助学生完成评估。

11. 三级目标1.6.3中，"在提示下"指评估者通过语言等提示方式，如语言提示：1平方千米=100公顷=1000000平方米，帮助学生完成评估。

12. 三级目标1.7.1中，"在提示下"指评估者通过语言等提示方式，如语言提示：平行四边形和梯形的面积公式是什么？总人数是多少？怎样计算平均值？帮助学生完成评估。

（三）统计与概率

1. 三级目标1.1.1中，"在提示下"是指教师通过语言或动作等提示方式，如语言提示：性别是指男、女，你能在表格中找一找吗？提示学生观察统计表的结构，帮助学生完成评估。

2. 三级目标1.2.1中，"在提示下"是指教师通过语言或动作等提示方式，如语言提示：看一看表头有没有提示信息？动作提示：指一下表头颜色说明信息，提示学生观察统计表的结构，帮助学生完成评估。

3. 三级目标1.2.2中，"在提示下"是指教师通过语言或动作等提示方式，如语言提示：音乐小组的数据在哪里呢？动作提示：指出《行知小学五年级学生音乐兴趣小组人数统计表》，提示学生观察材料，帮助学生完成评估。

4. 三级目标1.2.3中，"在提示下"是指教师通过语言或动作等提示方式，如语言提示：舞蹈小组的数据在哪里呢？动作提示：指出《行知小学五年级学生兴趣小组人数统计表》，提示学生观察材料，帮助学生完成评估。

5. 三级目标1.2.4中，"在提示下"是指教师通过语言或动作等提示方式，如语言提示：28是哪个兴趣小组的数据？动作提示：指出数字28左侧"美术小组"，提示学生观察统计表的结构，帮助学生完成评估。

6. 三级目标1.3.1中，"在提示下"是指教师通过语言或动作等提示方式，如语言提示：数字2在统计图的什么地方？动作提示：指出《五年级1班同学100米跑步测试等级情况统计图》中的数字2，提示学生观察材料，帮助学生完成评估。

7. 三级目标1.4.1中，"在提示下"是指教师通过语言或动作等提示方式，如语言提示：四个兴趣小组的数据在哪里？求一共有多少应该怎么计算？动作提示：指出《五年级1班同学100米跑步测试等级情况统计图》或《行知小学五年级学生兴趣小组人数统计表》中的数据，提示学生观察材料，帮助学生完成评估。

数与代数领域

姓名：_____　　年级：_____　　评估者：_____　　评估日期：_____

一级目标	二级目标	三级目标	评估项目		评估内容/方法	评估记录	评估结果与分析		结论与建议
			序号	项目			得分	分析	
1 能认识小数	1.1 结合具体情境探索并理解小数的意义	1.1.1 能结合具体情境说出/比划出一位小数表示十分之几，两位小数表示百分之几，三位小数表示千分之几……	1	说出/比划出一位小数表示十分之几，两位小数表示百分之几，三位小数表示千分之几……	1-1 填一填（见材料一）				
			2	在提示下，说出和比划出一位小数表示十分之几，两位小数表示百分之几，三位小数表示千分之几……	2-1 填一填（见材料一）（语言/动作等提示）				
		1.1.2 能说出/比划出小数各部分的名称	3	说出/比划出小数各部分的名称	3-1 填一填（见材料二）				
			4	在提示下，说出/比划出小数各部分的名称	4-1 填一填（见材料二）（语言/动作等提示）				

（续表）

一级目标	二级目标	三级目标	序号	项目	评估内容/方法	评估记录	得分	分析	结论与建议
		1.1.3 能正确读、写出小数	5	正确读、写出小数	5-1 填一填（见材料三）				
	1.2 能知道小数的计数单位	1.2.1 能说出/比划出小数的数位名称、顺序和计数单位	6	在提示下，读、写出小数	6-1 填一填（见材料三）（语言/动作等提示）				
			7	说出/比划出小数的数位名称、顺序和计数单位	7-1 填一填（见材料四）				
			8	在提示下，比划出小数的数位名称、顺序和计数单位	8-1 填一填（见材料四）（语言/动作等提示）				

（续表）

一级目标	二级目标	三级目标	评估项目		评估内容/方法	评估记录	评估结果与分析		结论与建议
			序号	项目			得分	分析	
		1.2.2 能说出/比划出小数相邻计数单位之间的进率	9	说出/比划出小数相邻计数单位之间的进率	9-1 填一填（见材料五）				
			10	在提示下，说出/比划出小数相邻计数单位之间的进率	10-1 填一填（见材料五）（语言/动作等提示）				
		1.2.3 能化简或改写小数	11	能进行小数的化简或改写	11-1 填一填（见材料六）				
			12	在提示下，进行小数的化简或改写	12-1 填一填（见材料六）（语言/动作等提示）				

65

（续表）

一级目标	二级目标	三级目标	评估项目		评估内容/方法	评估记录	评估结果与分析		结论与建议
			序号	项目			得分	分析	
		1.2.4 能说出/比划出两个小数大小	13	说出/比划出两个小数的大小	13-1 先涂色，再比较两个小数大小（见材料七）				
					13-2 在○里填上">"或"<"。（见材料七）				
			14	在提示下，说出/比划出两个小数的大小	14-1 先涂色，再比较两个小数大小（见材料七）				
					14-2 在○里填上">"或"<"。（见材料七）（语言/动作等提示）				

66

（续表）

一级目标	二级目标	三级目标	评估项目		评估内容/方法	评估记录	评估结果与分析		结论与建议
			序号	项目			得分	分析	
		1.2.5 能把较大的数改写成用"万"或"亿"作单位的小数	15	把较大的数改写成用"万"或"亿"作单位的小数	15-1 填一填（见材料八）				
			16	在提示下，把较大的数改写成用"万"或"亿"作单位的小数	16-1 填一填（见材料八）（语言/动作等提示）				
		1.2.6 能说出/比划出小数的近似数	17	说出/比划出小数的近似数	17-1 填一填（见材料九）				
					17-2 写出下面数的近似数（见材料九）				

（续表）

一级目标	二级目标	三级目标	评估项目		评估内容/方法	评估记录	评估结果与分析		结论与建议
			序号	项目			得分	分析	
2 能运算小数	2.1 能进行简单的小数四则运算和混合运算		18	在提示下，说出/比划出小数的近似数	18-1 填一填（见材料九）				
					18-2 写出下面数的近似数（见材料九）（语言/动作等提示）				
		2.1.1 能运算小数加法	19	正确计算小数加法的题目	19-1 直接写得数（见材料十）				
					19-2 竖式计算，加*的验算（见材料十）				

（续表）

一级目标	二级目标	三级目标	评估项目		评估内容/方法	评估记录	评估结果与分析		结论与建议
			序号	项目			得分	分析	
		2.1.2 能运算小数减法	20	在提示下，计算小数加法的题目	20-1 直接写得数（见材料十）				
					20-2 竖式计算，加*的验算（见材料十）（语言/动作等提示）				
			21	正确计算小数减法的题目	21-1 直接写得数（见材料十一）				
					21-2 竖式计算，加*的验算（见材料十一）				

（续表）

一级目标	二级目标	三级目标	序号	项目	评估内容/方法	评估记录	评估结果与分析		结论与建议
							得分	分析	
			22	在提示下，计算小数减法的题目	22-1 直接写得数（见材料十一）				
					22-2 竖式计算，加*的验算（见材料十一）（语言/动作等提示）				
		2.1.3 能运算小数乘法	23	正确计算小数乘法的题目	23-1 直接写得数（见材料十二）				
					23-2 竖式计算，加*的验算（见材料十二）				

（续表）

一级目标	二级目标	三级目标	评估项目		评估内容/方法	评估记录	评估结果与分析		结论与建议
			序号	项目			得分	分析	
		2.1.4 能运算小数除法	24	在提示下，计算小数乘法的题目	24-1 直接写得数（见材料十二）				
					24-2 竖式计算，加*的验算（见材料十二）（语言/动作等提示）				
			25	正确计算小数除法的题目	25-1 直接写得数（见材料十三）				
					25-2 竖式计算，加*的验算（见材料十三）				

（续表）

一级目标	二级目标	三级目标	评估项目		评估内容/方法	评估记录	评估结果与分析		结论与建议
			序号	项目			得分	分析	
		2.1.5 能计算小数四则混合运算	26	在提示下，计算小数除法的题目	26-1 直接写得数（见材料十三）				
					26-2 竖式计算，加*的验算（见材料十三）（语言/动作等提示）				
			27	正确计算小数四则混合运算	27-1 先说出各题的运算顺序，再计算（见材料十四）				
					27-2 用简便方法计算（见材料十四）				

（续表）

一级目标	二级目标	三级目标	评估项目		评估内容/方法	评估记录	评估结果与分析		结论与建议
			序号	项目			得分	分析	
	2.2 能感悟小数运算与整数运算的一致性	2.2.1 能说出/比划出小数四则混合运算和整数四则混合运算的一致性	28	在提示下，计算小数四则混合运算	28-1 先说出各题的运算顺序，再计算（见材料十四）				
					28-2 用简便方法计算（见材料十四）（语言/动作等提示）				
			29	说出/比划出小数四则混合运算与整数四则混合运算和混合运算的相同点	29-1 说一说小数四则运算和混合运算与整数四则运算和混合运算的相同点（见材料十、材料十一、材料十三、材料十四）				

73

（续表）

一级目标	二级目标	三级目标	评估项目		评估内容/方法	评估记录	评估结果与分析		结论与建议
			序号	项目			得分	分析	
3 能认识数量之间的关系	3.1 能在较复杂的真实情境中,选择恰当的运算方法解决问题		30	在提示下,说出小数四则运算和混合运算与整数四则运算和混合运算的相同点	30-1 说一说小数四则运算和混合运算与整数四则运算和混合运算的相同点（见材料十、材料十一、材料十二、材料十三、材料十四）（语言/动作等提示）				
		3.1.1 能用小数加法解决实际问题	31	用小数加法解决实际问题	31-1 根据题意/图意,列式解答（见材料十五）				
			32	在提示下,用小数加法解决实际问题	32-1 根据题意/图意,列式解答（见材料十五）（语言/动作等提示）				

（续表）

一级目标	二级目标	三级目标	评估项目		评估内容/方法	评估记录	评估结果与分析		结论与建议
			序号	项目			得分	分析	
		3.1.2 能用小数减法解决实际问题	33	用小数减法解决实际问题	33-1 根据题意，列式解答（见材料十六）				
			34	在提示下，用小数减法解决实际问题	34-1 根据题意/图意，列式解答（见材料十六）（语言/动作等提示）				
		3.1.3 能用小数乘法解决实际问题	35	用小数乘法解决实际问题	35-1 根据题意，列式解答（见材料十七）				
			36	在提示下，用小数乘法解决实际问题	36-1 根据题意，列式解答（见材料十七）（语言/动作等提示）				

（续表）

一级目标	二级目标	三级目标	评估项目		评估内容/方法	评估记录	评估结果与分析		结论与建议
			序号	项目			得分	分析	
		3.1.4 能用小数除法解决实际问题	37	用小数除法解决实际问题	37-1 根据题意，列式解答（见材料十八）				
			38	在提示下，用小数除法解决实际问题	38-1 根据题意，列式解答（见材料十八）（语言/动作等提示）				
		3.1.5 能用小数混合运算解决实际问题	39	用小数混合运算解决实际问题	39-1 根据题意，列式解答（见材料十九）				
			40	在提示下，用小数混合运算解决实际问题	40-1 根据题意，列式解答（见材料十九）（语言/动作等提示）				

（续表）

一级目标	二级目标	三级目标	评估项目		评估内容/方法	评估记录	评估结果与分析		结论与建议
			序号	项目			得分	分析	
	3.2 能用列举的策略解决相关的实际问题	3.2.1 能用列举的策略解答数量关系较为简单的实际问题	41	根据具体情境，用列举的策略解答数量关系较为简单的实际问题	41-1 根据题意，解决实际问题（见材料二十）				
			42	在提示下，根据具体情境，用列举的策略解答数量关系较为简单的实际问题	42-1 根据题意，解决实际问题（见材料二十）（语言提示）				
		3.2.2 能用列举的策略解答较复杂的实际问题	43	根据具体情境，用列举的策略解答较复杂的实际问题	43-1 根据题意，解决实际问题（见材料二十一）				
			44	在提示下，根据具体情境，用列举的策略解答较复杂的实际问题	44-1 根据题意，解决实际问题（见材料二十一）（语言提示）				

(续表)

一级目标	二级目标	三级目标	评估项目		评估内容/方法	评估记录	评估结果与分析		结论与建议
			序号	项目			得分	分析	
	3.3 能在具体情境中，探索用字母表示事物的关系、性质和规律的方法，感悟用字母表示的一般性	3.3.1 能用含有字母的式子表示数量关系	45	用含有字母的式子表示数量关系	45-1 填一填（见材料二十二）				
			46	在提示下，用含有字母的式子表示数量关系	46-1 填一填（见材料二十二）（语言/动作等提示）				
		3.3.2 能用含有字母的式子表示计算公式	47	用含有字母的式子表示计算公式	47-1 填一填（见材料二十三）				
			48	在提示下，用含有字母的式子表示计算公式	48-1 填一填（见材料二十三）（语言/动作等提示）				

(续表)

一级目标	二级目标	三级目标	评估项目		评估内容/方法	评估记录	评估结果与分析		结论与建议
			序号	项目			得分	分析	
		3.3.3 能根据所取字母的值，求简单的含有字母式子的值	49	用含有字母的式子表示数量稍复杂关系，求含有字母式子的值	49-1 解决问题（见材料二十四）				
			50	在提示下，用含有字母的式子表示稍复杂的数量关系，求含有字母式子的值	50-1 解决问题（见材料二十四）（语言/动作等提示）				
		3.3.4 会化简形如 "$ax \pm bx$" 的式子	51	化简形如 "$ax \pm bx$" 的式子	51-1 化简下列算式（见材料二十五）				
			52	在提示下，化简形如 "$ax \pm bx$" 的式子	52-2 化简下列算式（见材料二十五）（语言/动作等提示）				

图形与几何领域

姓名：＿＿＿＿＿＿　年级：＿＿＿＿＿＿　评估者：＿＿＿＿＿＿　评估日期：＿＿＿＿＿＿

一级目标	二级目标	三级目标	评估项目		评估内容/方法	评估记录	评估结果与分析		结论与建议
			序号	项目			得分	分析	
1 能测量	1.1 能计算平行四边形的面积	1.1.1 能说出/比划出平行四边形的面积公式	1	说出/比划出平行四边形的面积公式	1-1 回答问题（见材料一）				
			2	在提示下，说出/比划出平行四边形的面积公式	2-1 回答问题（语言/图片等提示）（见材料一）				
		1.1.2 能计算平行四边形的面积	3	计算平行四边形的面积	3-1 计算（见材料二）				
			4	在提示下，计算平行四边形的面积	4-1 计算（语言等提示）（见材料二）				

（续表）

一级目标	二级目标	三级目标	评估项目		评估内容/方法	评估记录	评估结果与分析		结论与建议
			序号	项目			得分	分析	
	1.2 能计算三角形的面积	1.2.1 能说出/比划出三角形的面积公式	5	说出/比划出三角形的面积公式	5-1 回答问题（见材料三）				
			6	在提示下，说出/比划出三角形的面积公式	6-1 回答问题（语言/图片等提示）				
		1.2.2 能计算三角形的面积	7	计算三角形的面积	7-1 计算（见材料四）				
			8	在提示下，计算三角形的面积	8-1 计算（见材料四）（语言等提示）				

（续表）

一级目标	二级目标	三级目标	评估项目		评估内容/方法	评估记录	评估结果与分析		结论与建议
			序号	项目			得分	分析	
	1.3 能计算梯形的面积	1.3.1 能说出/比划出梯形的面积公式	9	说出/比划出梯形的面积公式	9-1 回答问题（见材料五）				
			10	在提示下，说出/比划出梯形面积公式	10-1 回答问题（见材料五）（语言/图片等提示）				
		1.3.2 能计算梯形的面积	11	计算梯形的面积	11-1 计算（见材料六）				
			12	在提示下，计算梯形的面积	12-1 计算（见材料六）（语言等提示）				

(续表)

一级目标	二级目标	三级目标	评估项目		评估内容/方法	评估记录	评估结果与分析		结论与建议
			序号	项目			得分	分析	
	1.4 能计算简单组合图形的面积	1.4.1 能正确选用面积公式计算简单组合图形的面积	13	计算简单组合图形的面积	13-1 计算下面图形的面积，说一说你的计算方法（见材料七）				
			14	在提示下，计算简单组合图形的面积	14-1 计算下面图形的面积，说一说你的计算方法（见材料七）（语言等提示）				
	1.5 能估计不规则图形的面积	1.5.1 能正确应用数方格的方法估计不规则图形的面积	15	估计不规则图形的面积	15-1 计算下面不规则图形的面积（见材料八）				
			16	在提示下，估计不规则图形的面积	16-1 计算下面不规则图形的面积（见材料八）（语言等提示）				

(续表)

一级目标	二级目标	三级目标	评估项目		评估内容/方法	评估记录	评估结果与分析		结论与建议
			序号	项目			得分	分析	
	1.6 能认识面积单位公顷和平方千米	1.6.1 能说出/比划出公顷、平方千米的大小	17	说出/比划出1公顷和1平方千米的大小	17-1 填空（见材料九）				
			18	在提示下，说出/比划出1公顷和1平方千米的大小	18-1 填空（见材料九）（语言等提示）				
		1.6.2 能说出/比划出公顷、平方千米和平方千米之间的进率	19	说出/比划出公顷、平方千米和平方千米之间的进率	19-1 填空（见材料九）				
			20	在提示下，说出/比划出公顷、平方千米和平方千米之间的进率	20-1 填空（见材料九）（语言等提示）				

(续表)

一级目标	二级目标	三级目标	评估项目		评估内容/方法	评估记录	评估结果与分析		结论与建议
			序号	项目			得分	分析	
		1.6.3 能进行简单的单位换算	21	进行公顷、平方千米之间的单位换算	21-1 填空（见材料九）				
			22	在提示下，进行公顷、平方千米和平方米之间的单位换算	22-1 填空（见材料九）（语言等提示）				
	1.7 能解决简单的实际问题	1.7.1 能在具体情境中选择合理的解决思路与面积计算有关的问题	23	结合具体情境，选择合理的思路解决一些与面积计算有关的问题	23-1 解决问题（见材料十）				
			24	在提示下，结合具体情境，选择合理的思路解决一些与面积计算有关的问题	24-1 解决问题（见材料十）（语言等提示）				

85

统计与概率领域

姓名：_____ 年级：_____ 评估者：_____ 评估日期：_____

一级目标	二级目标	三级目标	评估项目		评估内容/方法	评估记录	评估结果与分析		结论与建议
			序号	项目			得分	分析	
1 数据的收集、整理与表达	1.1 认识表、统计表、条形统计图	1.1.1 能结合实例，说出/比划出复式统计表的名称及结构	1	结合实例，说出/比划出复式统计表的名称及结构	1-1 观察表格并回答问题（见材料一）				
			2	在提示下，结合实例，说出/比划出复式统计表的名称及结构	2-1 观察表格并回答问题（语言/动作等提示）				
		1.1.2 能结合实例，说出/比划出复式条形统计图的名称及结构	3	结合实例，说出/比划出复式条形统计图的名称及结构	3-1 观察统计图并回答问题（见材料二）				
			4	在提示下，结合实例，说出/比划出复式条形统计图的名称及结构	4-1 观察统计图并回答问题（语言/动作等提示）				

（续表）

一级目标	二级目标	三级目标	评估项目		评估内容/方法	评估记录	评估结果与分析		结论与建议
			序号	项目			得分	分析	
	1.2 会用统计表、条形统计图呈现相关数据，解释所表达的意义	1.2.1 能用复式统计表呈现相关数据	5	用复式统计表呈现相关数据	5-1 根据材料完成复式统计表（见材料三）				
			6	在提示下，用复式统计表呈现相关数据	6-1 根据材料完成复式统计表（见材料三）（语言/动作等提示）				
		1.2.2 能用复式条形统计图呈现相关数据	7	用复式条形统计图呈现相关数据	7-1 根据整理的统计表完成条形统计图（见材料三）				
			8	在提示下，用复式条形统计图呈现相关数据	8-1 根据整理的统计表完成条形统计图（见材料三）（语言/动作等提示）				

（续表）

一级目标	二级目标	三级目标	序号	评估项目 项目	评估内容/方法	评估记录	评估结果与分析 得分	评估结果与分析 分析	结论与建议
		1.2.3 能结合具体情境解释复式统计表所表达的意义	9	能结合具体情境说出/比划出复式统计表所表达的意义	9-1 看表回答问题（见材料一）				
			10	在提示下，能结合具体情境说出/比划出复式统计表所表达的意义	10-1 看表回答问题（见材料一）（语言/动作等提示）				
		1.2.4 能结合具体情境解释复式条形图所表达的意义	11	能结合具体情境说出/比划出复式条形统计图所表达的意义	11-1 看图回答问题（见材料二）				
			12	在提示下，能结合具体情境说出/比划出复式条形统计图所表达的意义	12-1 看图回答问题（见材料二）（语言/动作等提示）				

（续表）

一级目标	二级目标	三级目标	评估项目		评估内容/方法	评估记录	评估结果与分析		结论与建议
			序号	项目			得分	分析	
	1.3 能合理述说数据分析的结论	1.3.1 能结合生活经验，合理述说数据分析的结论	13	结合生活经验，在具体情境下合理述说数据分析的结论	13-1 根据整理的图表回答问题（见材料四）				
			14	在提示下，结合生活经验，在具体情境下合理述说数据分析的结论	14-1 根据整理的图表回答问题（语言/动作等提示）				

数学·五年级
（下册）

编写人员：

芮代琴　刘加芳　宋晓杰　李月月　刘　婷　茅　成
赵　敏　翁丽丽　吴振兰

学　校：_____　　　年　级：_____
姓　名：_____　　　出生日期：_____
评估者：_____　　　评估时间：_____

评估标准：

　　3 分：独立完成单一知识/技能；或独立完成多重知识/技能100%。

　　2 分：独立完成或在单一支持下完成多重知识/技能60%及以上；或在单一支持下完成单一知识/技能。

　　1 分：独立完成或在多重支持下完成多重知识/技能20%～60%以内；或在多重支持下完成单一知识/技能。

　　0 分：独立完成或在多重支持下完成多重知识/技能20%以下；或在多重支持下无法完成单一知识/技能。

使用指南

一、设计思路

五年级下册数学课程评估手册一共分为数与代数、图形与几何、统计与概率三个领域，每个领域的目标由一级目标、二级目标和三级目标组成。数与代数领域一级目标4个，二级目标11个，三级目标25个，评估项目50项；图形与几何领域一级目标2个，二级目标3个，三级目标10个，评估项目20项；统计与概率领域一级目标1个，二级目标4个，三级目标7个，评估项目14个。一级目标、二级目标均来自第二学段（4～6年级）义务教育数学课程标准（2011版），三级目标是结合现行五年级下册数学教材对二级目标分解而来。每个三级目标下设计有2个评估项目，同一个三级目标下的评估项目是按照由独立到提示或按难易度排列。

例如：图形与几何领域中，三级目标"1.1.1能说出/比划出圆的特征"对应两个评估项目，"1.说出/比划出圆的基本特征"，这是评估学生能否独立说出或者比划出圆的基本特征；"2.在提示下说出/比划出圆的基本特征"，这是评估学生不能独立说出/比划出圆的基本特征时，在评估者给予语言、动作等提示下，能否表示出来。每个评估项目后都列出了相对应的评估内容/方法，说明评估什么、用什么评估、怎么评估。

二、操作方法

评估时，评估者先从第一个评估项目开始，如果被评估学生在该评估项目上全部通过，则直接跳到下一个三级目标的评估项目1继续评估，依次类推。对通过的项目在评估手册的"评估记录"栏中记录评估结果，例如："说出/比划出圆的基本特征"的项目，评估材料中是两道填空题7个空，如果学生都能独立完成所有填空，根据评分标准在得分栏中记3分，在"评估结果与分析"栏中说明该生已经掌握了圆的基本特征，学习目标已达成，这也是该生的现有能力水平，建议该生可以进入后面关联知识的学习。

如果被评估的学生在评估项目1（独立完成项目）中的题目没有全部通过，就进入评估项目2（提示下完成项目）继续评估未通过的评估内容。如果独立或在单一提示下完成多重知识的60%及以上记2分；如果独立或在多重提示下完成多重知识的20%～60%，记1分；如果独立或在多重提示下完成多重知识的20%以下，记为0分，并在评估材料中标注没有通过的评估题目。评估者将处于所有的2分项和1分项分别汇总，填写在评估手册的"评估结果与分析"栏中，并做分析，这是学生可接近性学习目标，从中优先选择迫切需要学习的项目，作为下一阶段的学习目标，填写在"结论与建议"中。

三、评估例举

（一）数与代数

1. 三级目标1.1.1中"在提示下"是指评估者通过语言或动作等提示方式，如语言提示：4×3＝12，4是12的因数，那么3呢？动作提示：指一指"6×2=12"这个算式，提示学生说出哪个数是哪个数的因数，哪个数是哪个数的倍数，帮助学生完成评估。

2. 三级目标1.1.2中，"在提示下"是指评估者通过语言或动作等提示方式，如语言提示：（　）×（　）＝30？那么30的因数就是（　），提示学生观察材料，帮助学生完成评估。

3. 三级目标1.2.1中，"在提示下"是指评估者通过语言或动作等提示方式，如语言提示：写出2的倍数、3的倍数、5的倍数，观察2、3、5倍数的特征，帮助学生完成评估。

4. 三级目标1.3.1中，"在提示下"是指评估者通过语言或动作等提示方式，如语言提示：先列出18和30的所有因数，找一找它们的公因数是哪些？最大公因数呢？帮助学生完成评估。

5. 三级目标1.3.2中，"在提示下"是指评估者通过语言或动作等提示方式，如语言提示：先有序列出一些4和6的倍数，找一找它们的公倍数是哪些？最小公倍数呢？帮助学生完成评估。

6. 三级目标1.4.1中，"在提示下"是指评估者通过语言或动作等提示方式，如语言提示：2、3、5的因数有哪些？6、8、9的因数有哪些？然后对比观察，帮助学生完成评估。

7. 三级目标1.4.2中，"在提示下"是指评估者通过语言、范例等提示方式，如范例提示：分解质因数 6=（　）×（　），帮助学生完成评估。

8. 三级目标2.1.1中"在提示下"是指评估者通过语言或动作等提示方式，如语言提示：三分之二是什么意思？三分之二表示把3个草莓（或6个草莓……）平均分成三份，取其中的2份涂色，你能分一分再涂色吗？提示学生观察每幅图草莓的个数回答问题，帮助学生完成评估。

9. 三级目标2.1.2中，"在提示下"是指评估者通过语言或动作等提示方式，如语言提示：2÷7等于几分之几？引导写出2÷7=2/7，结合等式协助读题，帮助学生完成评估。

10. 三级目标2.1.3中，"在提示下"是指评估者通过语言或动作等提示方式，如语言提示：判断一个分数是真分数还是假分数，可比较分子与分母的大小，分子小于分母是真分数；分子大于分母是假分数，帮助学生完成评估。

11. 三级目标2.1.4中，"在提示下"是指评估者通过语言或动作等提示方式，如语言提示：$\frac{15}{3}$，$\frac{9}{2}$怎样化成整数或带分数呢？先把分数转化成除法算式，再计算。$\frac{15}{3}$=15÷3=5，$\frac{9}{2}$=9÷2=4……1，写成分数形式是：整数部分就是商，分母是除数2，分子是余数1，教师协助写出四又二分之一，让学生读出来，帮助学生完成评估。

12. 三级目标2.2.1中，"在提示下"是指评估者通过语言或动作等提示方式，如语言提示：$\frac{4}{5}$怎样转化成小数呢？先把$\frac{4}{5}$转化成除法算式，再计算，教师边说边写竖式计算提示，帮助学生完成评估。

13. 三级目标2.2.2中，"在提示下"是指评估者通过语言或动作等提示方式，如语言提示：小数转化成分数的方法是看小数部分，一位小数是十分之几，两位小数是一百分之几……，像1.5，分数部分是一位小数，就是十分之五，化简为二分之一，整数部分不变。教师边说边写一又二分之一，帮助学生完成评估。

14. 三级目标2.3.1中，"在提示下"是指评估者通过语言或动作等提示方式，如语言提示：一个分数的分子扩大4倍，就是把这个分数的分子乘4，要使分数的大小不变，分母也要乘4，即也要扩大4倍，7×$\frac{4}{8}$×（ ），教师举例让学生填空，再协助读题，帮助学生完成评估。

15. 三级目标2.3.2中，"在提示下"是指评估者通过语言或动作等提示方式，如语言提示：什么是最简分数呢？最简分数就是分子和分母有且只有公因数1，如$\frac{5}{7}$，如果不是最简分数，就要进行约分，如$\frac{10}{12}$，先找出10和12的公因数是2，分子10÷2=5，分母12÷2=6，约分后就是$\frac{5}{6}$；什么是公分母呢？例如$\frac{5}{9}$和$\frac{1}{6}$，两个分数的公分母就是9和6的最小公倍数，是18，再想9×（ ）=18，6×（ ）=18，最后利用分数的性质通分，教师边说边写过程，帮助学生完成评估。

16. 三级目标2.3.3中，"在提示下"是指评估者通过语言或动作等提示方式，如语言提示：比较异分母分数大小的方法是先通分，把分母化成同一个数，比分子；其假分数都大于真分数；分子相同比分母，分母小的这个分数大，分母大的这个分数小；教师指题提示学生根据方法判断，帮助学生完成评估。

17. 三级目标3.1.1中，"在提示下"是指评估者通过语言或动作等提示方式，如语言提示：计算异分母分数加法要先通分，再按照分母不变，分子相加的方法计算，能简便计算的，可以运用加法运算律凑整计算。解决实际问题时，教师边协助读题边用笔圈出关键词帮助列式，再提示计算方法，帮助学生完成评估。

18. 三级目标3.1.2中，"在提示下"是指评估者通过语言或动作等提示方式，如语言提示：计算异分母分数减法要先通分，再按照分母不变，分子相减的方法计算，能简便计算的，可以运用运算律凑整计算。解决实际问题时，教师边协助读题边用笔圈出关键词帮助列式，再提示计算方法，帮助学生完成评估。

19. 三级目标3.1.3中，"在提示下"是指评估者通过语言或动作等提示方式，如语言提示：计算异分母分数的加减混合运算要先通分，再根据分数加减法的运算法则计算。解决实际问题时，教师边协助读题边用笔圈出关键词帮助列式，再提示计算方法，帮助学生完成评估。

20. 三级目标3.2.1中，"在提示下"是指评估者通过语言或动作等提示方式，如语言提示：根据你的计算，你能说一说同分母分数加减法的计算方法吗？分母不变，分子怎样呢？教师协助读题提示填写，帮助学生完成评估。

21. 三级目标3.2.2中，"在提示下"是指评估者通过语言或动作等提示方式，如语言提示：根据你的计算，你能说一说异分母分数加减法的计算方法吗？先通分，再根据同分母分数加减法法则计算。教师协助读题提示填写，帮助学生完成评估。

22. 三级目标4.1.1和4.1.2中，"在提示下"是指评估者通过语言、动作或图示等提示方式，如语言提示：求两天一共看了全书的几分之几，用什么方法计算，怎样列式呢？帮助学生完成评估。

23. 三级目标4.2.1中，"在提示下"指评估者通过语言描述、画图、动作操作等提示方式，如动手操作：让学生把图形剪一剪，重新拼一拼，帮助学生完成评估。

24. 三级目标4.2.2中，"在提示下"指评估者通过语言描述提示方式，如语言提示：你觉得49接近哪一个整十数，可以把49写成50-（　　），那么52呢？帮助学生完成评估。

（二）图形与几何

1. 三级目标1.1.1中，"在提示下"指评估者通过语言或者图片等提示方式，如语言提示：看这个钟表，指针转动一圈，转动轨迹形成一个圆，你能看着这个学具，说出圆的这些特征吗？帮助学生完成评估。

2. 三级目标1.1.2中，"在提示下"指评估者通过语言或者图片等提示方式，如语言提示：观察扇形图片或扇子，顶点在哪里？这段曲线是叫什么？这个角叫什么角？随着扇子的打开，扇形的大小只与什么有关？帮助学生完成评估。

3. 三级目标1.1.3中，"在提示下"指评估者通过语言或者动作等提示方式，如动作提示：用直尺和圆规量出半径，固定圆心O，示范画圆，再让学生自己操作，帮助学生完成评估。

4. 三级目标2.1.1中，"在提示下"指评估者通过语言或者动作等提示方式，如动作提示：用绳子围绕硬币一周，让学生量出绳长，帮助学生完成评估。

5. 三级目标2.1.2中，"在提示下"指评估者通过语言等提示方式，如语言提示：试一试用上面的周长除以直径，看看得到一个什么数，再换一个圆试一试，实际上任何一个圆的周长除以直径的商都是一个固定的数，这个数叫作什么？它是一个什么小数？保留两位小数后，近似为多少？帮助学生完成评估。

6. 三级目标2.1.3中，"在提示下"指评估者通过语言等提示方式，如语言提示：圆的周长除以直径的商等于圆周率，所以圆的周长可以用直径和圆周率的积来表示，直径是半径的2倍，试试写出圆的周长公式，帮助学生完成评估。

7. 三级目标2.1.4中，"在提示下"指评估者通过语言、范例等提示方式，如语言提示：圆的周长公式是什么？把数字代入公式计算，帮助学生完成评估。

8. 三级目标2.2.1中，"在提示下"指评估者通过语言或视觉提示等提示方式，如视觉提示：将圆变成一个近似长方形的图形，语言提示：它的长是圆周长的一半，就是πr（标出πr），宽是圆的什么？这个近似长方形的面积就是πr×r，所以圆的面积就是什么？帮助学生完成评估。

9. 三级目标2.2.2中，"在提示下"指评估者通过语言、范例等提示方式，如语言提示：圆的面积公式是什么？把数字代入公式计算，帮助学生完成评估。

10. 三级目标2.2.3中，"在提示下"指评估者通过语言等提示方式，如语言提示：圆环就是大圆去掉一个小圆得来的，圆环的面积怎么求，右图中阴影部分可以用正方形面积和圆的面积怎么表示？帮助学生完成评估。

（三）统计与概率

1. 三级目标1.1.1中，"在提示下"是指评估者通过语言或动作等提示方式，如语言提示：横坐标在哪里？动作提示：指出横坐标那一栏，再指出"年龄"一词，提示学生观察材料，帮助学生完成评估。

2. 三级目标1.2.1中，"在提示下"是指评估者通过语言或动作等提示方式，如语言提示：

一月份的数据去哪里找呢？动作提示：指出《南京2021年各月平均气温统计表》中一月份的数据，提示学生观察材料，帮助学生完成评估。

3. 三级目标1.2.2中，"在提示下"是指评估者通过语言或动作等提示方式，如语言提示：这张复式图包括了南京和悉尼2个城市的温度数据，南京是实线，悉尼呢？可以先完成南京的折线统计图，数据在哪里呢？动作提示：指出《南京与悉尼2021年各月平均气温统计表》中南京的数据，提示学生观察材料，帮助学生完成评估。

4. 三级目标1.2.3中，"在提示下"是指评估者通过语言或动作等提示方式，如语言提示："121"在哪里？动作提示，指出《宁同学6-12岁身高情况统计图》中的数字"121"，提示学生观察材料，帮助学生完成评估。

5. 三级目标1.2.4中，"在提示下"是指评估者通过语言或动作等提示方式，如语言提示：这两个城市指的是哪两个？那我们先来看南京的数据，哪个数据最高？是几月份的呢？动作提示：指出《南京与悉尼2021年各月平均气温统计图》中最高的数据点，提示学生观察材料，帮助学生完成评估。

6. 三级目标1.3.1中，"在提示下"是指评估者通过语言或动作等提示方式，如语言提示：这个折线图的整体趋势是怎样的？动作提示：沿着折线图的折线趋势指一指，帮助学生完成评估。

7. 三级目标1.4.1中，"在提示下"是指评估者通过语言或动作等提示方式，如语言提示：尝试按照折线图趋势往后延伸画一画，你能发现什么？动作提示：示范往后延伸画折线图，帮助学生完成评估。

数与代数领域

姓名：_____ 年级：_____ 评估者：_____ 评估日期：_____

一级目标	二级目标	三级目标	评估项目		评估内容/方法	评估记录	评估结果与分析		结论与建议
			序号	项目			得分	分析	
1 能认识因数和倍数	1.1 理解因数和倍数的含义	1.1.1 结合例子说出/比划出因数和倍数的含义	1	结合实例，说出/比划因数和倍数的含义	1-1 回答问题（见材料一）				
			2	在提示下，结合实例，说出/比划出因数和倍数的含义	2-1 回答问题（见材料一）（语言/动作等提示）				
		1.1.2 能找出一个数的因数和倍数	3	结合实例，说出/比划出一个数的因数和倍数	3-1 回答问题（见材料二）				
			4	在提示下，结合实例，说出/比划出一个数的因数和倍数	4-1 回答问题（见材料二）（语言/动作等提示）				

(续表)

一级目标	二级目标	三级目标	评估项目		评估内容/方法	评估记录	评估结果与分析		结论与建议
			序号	项目			得分	分析	
	1.2 知道 2、3、5 的倍数的特征	1.2.1 结合实例，知道 2、3、5 的倍数的特征	5	结合实例，说出/比划出 2、3、5 的倍数特征	5-1 回答问题（见材料三）				
			6	在提示下，结合实例，说出/比划出 2、3、5 的倍数特征	6-1 回答问题（语言/动作等提示）（见材料三）				
	1.3 了解公因数和最大公因数、公倍数、最小公倍数	1.3.1 结合实例，了解公因数和最大公因数的含义	7	结合实例，说出/比划出公因数和最大公因数的含义	7-1 回答问题（见材料四）				
			8	在提示下，结合实例，说出/比划出公因数和最大公因数的含义	8-1 回答问题（语言/动作等提示）（见材料四）				

(续表)

一级目标	二级目标	三级目标	评估项目		评估内容/方法	评估记录	评估结果与分析		结论与建议
			序号	项目			得分	分析	
		1.3.2 结合实例，了解公倍数和最小公倍数的含义	9	结合实例，说出/比划出两个数的公倍数和最小公倍数	9-1 回答问题（见材料五）				
			10	在提示下，结合实例，说出/比划出两个数的公倍数和最小公倍数	10-1 回答问题（语言/动作等提示）				
	1.4 了解奇数、偶数、质数（或素数）和合数	1.4.1 结合实例，了解奇数、偶数、质数（或素数）和合数的含义	11	结合实例，说出/比划出奇数、偶数、质数（或素数）和合数的含义	11-1 回答问题（见材料六）				
			12	在提示下，说出/比划出奇数、偶数、质数（或素数）和合数的含义	12-1 回答问题（语言/动作等提示）				

(续表)

一级目标	二级目标	三级目标	评估项目		评估内容/方法	评估记录	评估结果与分析		结论与建议
			序号	项目			得分	分析	
		1.4.2 能把一个合数分解质因数	13	把一个合数分解质因数	13-1 回答问题（见材料七）				
			14	在提示下，把一个合数分解质因数	14-1 回答问题（语言/范例等提示）				
2 能认识分数	2.1 能结合具体情境探索并理解分数的意义，感悟计数单位	2.1.1 能结合具体情境说出/比划出单位"1"、"分数单位"的含义	15	说出/比划出单位"1"、"分数单位"的含义	15-1 涂一涂，说一说（见材料八）				
			16	在提示下，说出/比划出单位"1"、"分数单位"的含义	16-1 涂一涂，说一说（语言/动作等提示）				

101

（续表）

一级目标	二级目标	三级目标	评估项目		评估内容/方法	评估记录	评估结果与分析		结论与建议
			序号	项目			得分	分析	
		2.1.2 能结合具体情境说出/比划出分数与除法的关系	17	说出/比划出分数与除法的关系	17-1 填一填（见材料九）				
			18	在提示下，说出/比划出分数与除法的关系	18-1 填一填（见材料九）（语言/动作等提示）				
		2.1.3 能认识真分数、假分数与带分数	19	区分真分数、假分数与带分数	19-1 读出下面的分数，并分一分（见材料十）				
			20	在提示下，区分真分数、假分数与带分数	19-1 读出下面的分数，并分一分（见材料十）（语言/动作等提示）				

(续表)

一级目标	二级目标	三级目标	评估项目		评估内容/方法	评估记录	评估结果与分析		结论与建议
			序号	项目			得分	分析	
	2.2 能进行小数、分数的转化（不包括将循环小数化为分数）	2.1.4 能把假分数化成整数或带分数	21	把假分数化成整数或带分数	21-1 把下面的假分数化成整数或带分数，再读出带分数（见材料十一）				
			22	在提示下，把假分数化成整数或带分数	22-1 把下面的假分数化成整数或带分数，再读出带分数（见材料十一）（语言/动作等提示）				
		2.2.1 能把分数正确地转化成小数	23	把分数化成小数	23-1 把下面的分数化成小数（见材料十二）				
			24	在提示下，把分数转化成小数	24-1 把下面的分数化成小数（见材料十二）（语言/动作等提示）				

（续表）

一级目标	二级目标	三级目标	评估项目		评估内容/方法	评估记录	评估结果与分析		结论与建议
			序号	项目			得分	分析	
		2.2.2.2 能把小数正确地转化成分数（不包括将循环小数化为分数）	25	把小数转化成分数（不包括将循环小数化为分数）	25-1 把下面的小数化成分数（见材料十三）				
			26	在提示下，把小数转化成分数（不包括将循环小数化为分数）	26-1 把下面的小数化成分数（见材料十三）（语言/动作等提示）				
	2.3 能比较分数的大小	2.3.1 能结合具体情境，说出/划出分数的基本性质	27	结合具体情境，说出/划出分数的基本性质	27-1 填一填（见材料十四）				
			28	在提示下，结合具体情境，说出/划出分数的基本性质	28-1 填一填（见材料十四）（语言/动作等提示）				

(续表)

一级目标	二级目标	三级目标	评估项目		评估内容/方法	评估记录	评估结果与分析		结论与建议
			序号	项目			得分	分析	
		2.3.2 能说出/比划出最简分数的含义,能正确进行约分和通分	29	结合具体分数进行约分和通分	29-1 圈出下面分数中的最简分数,把不是最简分数的,再进行约分(见材料十五)				
					29-2 说一说下面每组分数的公分母是多少,再通分(见材料十五)				
			30	在提示下,结合具体分数进行约分和通分	30-1 圈出下面分数中的最简分数,把不是最简分数的,再进行约分(见材料十五)(语言/动作等提示)				
					30-2 说一说下面每组分数的公分母是多少,再通分(见材料十五)(语言/动作等提示)				

(续表)

一级目标	二级目标	三级目标	评估项目		评估内容/方法	评估记录	评估结果与分析		结论与建议
			序号	项目			得分	分析	
		2.3.3 能比较分数的大小	31	比较异分母分数的大小	31-1 在 ○ 里填 ">"、"<" 或 "="（见材料十六）				
			32	在提示下，比较异分母分数的大小	31-1 在 ○ 里填 ">"、"<" 或 "="（见材料十六）（语言/动作提示）				
3 能运算分数	3.1 能进行简单的分数（不含带数）的加、减运算及混合运算	3.1.1 会运算异分母分数（不含带分数）的加法	33	正确计算异分母分数加法的题目	33-1 算一算，能简便计算的要简便计算（见材料十七）				
			34	在提示下，计算异分母分数加法的题目	34-1 算一算，能简便计算的要简便计算（见材料十七）（语言/动作提示等）				

（续表）

一级目标	二级目标	三级目标	评估项目		评估内容/方法	评估记录	评估结果与分析		结论与建议
			序号	项目			得分	分析	
		3.1.2 会运算异分母分数（不含带分数）的减法	35	正确计算异分母分数减法的题目	35-1 算一算，能简便计算的要简便计算（见材料十八）				
			36	在提示下，计算异分母分数减法的题目	36-1 算一算，能简便计算的要简便计算（见材料十八）（语言/动作等提示）				
		3.1.3 会进行异分母分数（不含带分数）的加、减混合运算	37	正确计算异分母分数加、减法混合的题目	37-1 算一算（见材料十九）				
			38	在提示下，计算异分母分数加、减法混合的题目	38-1 算一算（见材料十九）（语言/动作等提示）				

(续表)

一级目标	二级目标	三级目标	评估项目		评估内容/方法	评估记录	评估结果与分析		结论与建议
			序号	项目			得分	分析	
	3.2 能交流自己的算法	3.2.1 能说出/比划出异分母分数加法的算法	39	结合具体题目，说出/比划出同分母分数加减法的算法	39-1 算一算，填一填（见材料二十）				
			40	在提示下，结合具体题目，说出/比划出同分母分数加减法的算法	40-1 算一算，填一填（语言/动作等提示）				
		3.2.2 能说出/比划出异分母分数减法的算法	41	结合具体题目，说出/比划出异分母分数加减法的算法	41-1 算一算，填一填（见材料二十）				
			42	在提示下，结合具体题目，说出/比划出异分母分数加减法的算法	42-1 算一算，填一填（语言/动作等提示）				

（续表）

一级目标	二级目标	三级目标	评估项目		评估内容/方法	评估记录	评估结果与分析		结论与建议
			序号	项目			得分	分析	
4 能认识数量之间的关系	4.1 能解决分数的简单实际问题	4.1.1 能用异分母分数加法解答简单的实际问题	43	结合情境题，用异分母分数加法解答简单的实际问题	43-1 解决实际问题（见材料二十一）				
			44	结合情境题，在提示下，用异分母分数加法解答简单的实际问题	44-1 解决实际问题（见材料二十一）（语言/动作/图示等提示）				
		4.1.2 能用异分母分数减法解答简单的实际问题	45	结合情境题，用异分母分数减法解答简单的实际问题	45-1 解决实际问题（见材料二十二）				
			46	结合情境题，在提示下，用异分母分数减法解答简单的实际问题	46-1 解决实际问题（见材料二十二）（语言/动作/图示等提示）				

（续表）

一级目标	二级目标	三级目标	评估项目		评估内容/方法	评估记录	评估结果与分析		结论与建议
			序号	项目			得分	分析	
	4.2 能用转化的策略解决相关的实际问题	4.2.1 能用转化的策略解答有关图形的实际问题	47	根据具体情境，用转化的策略解答有关图形的实际问题	47-1 根据题意，解决实际问题（见材料二十三）				
			48	在提示下，根据具体情境，用转化的策略解答有关图形的实际问题	48-1 根据题意，解决实际问题（见材料二十三）（语言/动作等提示）				
		4.2.2 能用转化的策略解决特殊的计算问题	49	根据具体情境，用转化的策略解答较复杂的实际问题	49-1 计算下面各题（见材料二十四）				
			50	在提示下，根据具体情境，用转化的策略解答较复杂的实际问题	50-1 计算下面各题（见材料二十四）（语言/动作等提示）				

图形与几何领域

姓名：_____ 年级：_____ 评估者：_____ 评估日期：_____

一级目标	二级目标	三级目标	评估项目		评估内容/方法	评估记录	评估结果与分析		结论与建议
			序号	项目			得分	分析	
1 能认识图形	1.1 能认识圆	1.1.1 能说出/比划出圆的特征	1	说出/比划出圆的基本特征	1-1 填空（见材料一）				
			2	在提示下，说出/比划出圆的基本特征	2-1 填空（见材料一）（语言/图片等提示）				
		1.1.2 能初步认识扇形	3	说出/比划出扇形的特点	3-1 填空（见材料二）				
			4	在提示下，说出/比划出扇形的特点	4-1 填空（见材料二）（语言/图片等提示）				

（续表）

一级目标	二级目标	三级目标	评估项目		评估内容/方法	评估记录	评估结果与分析		结论与建议
			序号	项目			得分	分析	
		1.1.3 能用圆规画圆	5	用圆规画一个指定大小的圆	5-1 画一个直径是4cm的圆，并用字母O，r，d分别表示它的圆心、半径和直径（见材料三）				
			6	在提示下，用圆规画一个指定大小的圆	6-1 画一个直径是4cm的圆，并用字母O，r，d分别表示它的圆心、半径和直径（见材料三）（语言/动作等提示）				
2 能测量圆形周长和面积	2.1 能测量圆的周长	2.1.1 能测量出圆的周长	7	测量圆的周长	7-1 说一说，你可以怎样测量一元硬币的周长				
			8	在提示下，测量圆的周长	8-1 说一说，你可以怎样测量一元硬币的周长（语言/动作等提示）				

（续表）

一级目标	二级目标	三级目标	评估项目		评估内容/方法	评估记录	评估结果与分析		结论与建议
			序号	项目			得分	分析	
		2.1.2 能说出/比划出圆周率的含义	9	说出/比划出圆周率的含义	9-1 填空（见材料四）				
			10	说出/比划出圆周率的含义	10-1 填空（见材料四）（语言等提示）				
		2.1.3 能说出/比划出圆的周长公式	11	说出/比划出圆的周长公式	11-1 填空（见材料四）				
			12	在提示下，说出/比划出圆的周长公式	12-1 填空（见材料四）（语言等提示）				

(续表)

一级目标	二级目标	三级目标	评估项目		评估内容/方法	评估记录	评估结果与分析		结论与建议
			序号	项目			得分	分析	
		2.1.4 能计算圆的周长	13	计算圆的周长	13-1 计算（见材料四）				
			14	在提示下，计算圆的周长	14-1 计算（见材料四）（语言等提示）				
	2.2 能测量圆的面积	2.2.1 能说出/比划出圆的面积公式	15	说出/比划出圆的面积公式	15-1 填空（见材料五）				
			16	在提示下，说出/比划出圆的面积公式	16-1 填空（见材料五）（语言等提示）				

(续表)

一级目标	二级目标	三级目标	评估项目		评估内容/方法	评估记录	评估结果与分析		结论与建议
			序号	项目			得分	分析	
		2.2.2 能计算圆的面积	17	计算圆的面积	17-1 计算（见材料五）				
			18	在提示下，计算圆的面积	18-1 计算（见材料五）（语言等提示）				
		2.2.3 能计算简单组合图形的面积	19	计算简单组合图形的面积	19-1 求涂色部分的面积（见材料六）				
			20	在提示下，计算简单组合图形的面积	20-1 求涂色部分的面积（见材料六）（语言/动作等提示）				

统计与概率领域

姓名：_____ 年级：_____ 评估者：_____ 评估日期：_____

一级目标	二级目标	三级目标	评估项目		评估内容/方法	评估记录	评估结果与分析		结论与建议
			序号	项目			得分	分析	
1 数据的收集、整理与表达	1.1 认识折线统计图	1.1.1 能结合实例，说出/比划出折线统计图的名称及结构	1	结合实例，说出/比划出折线统计图的名称及结构	1-1 观察表格并回答问题（见材料一）				
			2	在提示下，结合实例，说出/比划出折线统计图的名称及结构	2-1 观察表格并回答问题（语言/动作等提示）				
	1.2 会用折线统计图呈现相关数据，解释所表达的意义	1.2.1 能用单式折线统计图呈现相关数据	3	用单式折线统计图呈现相关数据	3-1 根据材料完成统计图（见材料二）				
			4	在提示下，用单式折线统计图呈现相关数据	4-1 根据材料完成统计图（语言/动作等提示）				

（续表）

一级目标	二级目标	三级目标	评估项目		评估内容/方法	评估记录	评估结果与分析		结论与建议
			序号	项目			得分	分析	
		1.2.2 能用复式折线统计图呈现数据	5	用复式折线统计图呈现相关数据	5-1 根据材料完成统计图（见材料三）				
			6	在提示下，用复式折线统计图呈现相关数据	6-1 根据材料完成统计图（见材料三）（语言/动作等提示）				
		1.2.3 能结合具体情境解释折线统计图所表达的意义	7	能结合具体情境说出/比划出折线统计图所表达的意义	7-1 看图回答问题（见材料一）				
			8	在提示下，能结合具体情境说出/比划出折线统计图所表达的意义	8-1 看图回答问题（见材料一）（语言/动作等提示）				

（续表）

一级目标	二级目标	三级目标	评估项目		评估内容/方法	评估记录	评估结果与分析		结论与建议
			序号	项目			得分	分析	
		1.2.4 能结合具体情境解释复式折线统计图所表达的意义	9	能结合具体情境说出/比划出复式折线统计图所表达的意义	9-1 看图回答问题（见材料三）				
			10	在提示下，结合具体情境说出/比划出复式折线统计图所表达的意义	10-1 看图回答问题（见材料三）（语言/动作等提示）				
	1.3 能合理述说数据分析的结论	1.3.1 能结合生活经验，合理述说数据分析的结论	11	结合生活经验，在具体情境下合理述说数据分析的结论	11-1 看图回答问题（见材料一）				
			12	在提示下，结合生活经验，在具体情境下合理述说数据分析的结论	12-1 看图回答问题（见材料一）（语言/动作等提示）				

(续表)

一级目标	二级目标	三级目标	评估项目		评估内容/方法	评估记录	评估结果与分析		结论与建议
			序号	项目			得分	分析	
	1.4 在简单的实际情境中，应用统计图表，形成数据意识和初步的应用意识	1.4.1 能结合生活经验，应用折线统计图，形成数据意识和初步的应用意识	13	结合生活经验，观察分析折线统计图解决问题	13-1 看图回答问题（见材料一）				
			14	在提示下，结合生活经验，观察分析折线统计图解决问题	14-1 看图回答问题（见材料一）（语言/动作等提示）				

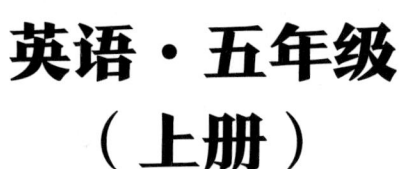

英语·五年级
（上册）

编写人员：
王　霞　黄永志　刘晓慧

学　　校：_____　　年　　级：_____
姓　　名：_____　　出生日期：_____
评 估 者：_____　　评估时间：_____

评估标准：

3分：独立完成单一知识/技能；或独立完成多重知识/技能100%。

2分：独立完成或在单一支持下完成多重知识/技能60%及以上；或在单一支持下完成单一知识/技能。

1分：独立完成或在多重支持下完成多重知识/技能20%~60%以内；或在多重支持下完成单一知识/技能。

0分：独立完成或在多重支持下完成多重知识/技能20%以下；或在多重支持下无法完成单一知识/技能。

使用指南

一、设计思路

五年级上册英语课程评估手册共分为听做、说唱、认读、书写四个领域，每个领域的目标由一级目标和二级目标组成。本册共计4个领域、4个一级目标、17个二级目标、33个评估项目。听做领域一级目标1个，二级目标4个，评估项目7项；说唱领域一级目标1个，二级目标4个，评估项目7项；认读领域一级目标1个，二级目标6个，评估项目12项；书写领域一级目标1个，二级目标3个，评估项目7项。一级目标来自义务教育英语课程标准，二级目标是结合译林出版社五年级上册英语教材对一级目标分解而来。每个二级目标下设计有数个评估项目，同一个二级目标下的评估项目是按照由独立到提示或由难到易的顺序排列。例如：二级目标"3.1能认读116个单词、22个词组"下，有两个评估项目，"1.认读单词、词组"，这是评估学生能否独立认读，能认识多少，能读对多少；"2.在提示下，认读单词、词组"这是评估学生不能独立认读时，在语音、卡片、动作等提示下，能认识多少，能读对多少。每个评估项目后都列出了评估内容/方法，说明评估什么、用什么评估、怎么评估。

二、操作方法

评估时，评估者先从第一个评估项目开始，如果被评估的学生在该评估项目上全部通过，直接跳到下一个二级目标的第一个评估项目继续评估，以此类推。对通过的项目在评估手册的"评估记录"栏中记录评估结果，例如："能认读116个单词、22个词组"，如果学生能全部独立认读，就根据评分标准在"评估结果与分析"得分栏中记3分，分析栏中说明该生已经100%掌握五年级上册116个单词和22个词组的认读，学习目标已达成，建议该生可以进入后续目标学习。如果学生能独立认读84个，正确率60%，根据评分标准在"评估结果与分析"得分栏中记2分。如果学生只能独立认读42个，正确率30%，只记1分，分析栏中说明该生未能全部认读，建议进行提示下再评估。

如果被评估的学生在评估项目1（独立完成项目）没有全部通过，就进入评估项目2（提示下完成项目）继续评估未通过的评估内容。如果在单一提示下完成，属于2分项；如果在两种或两种以上提示下完成，属于1分项；如果在多重提示下仍然无法完成，属于0分项，都在评估材料中标注评估结果。将处于最近发展区的2分项和1分项分别汇总，填写在评估手册的"评估结果与分析"栏中，并做分析。2分项和1分项是学生可接近性学习目标，从中优先选择迫切需要学习的项目，作为下一阶段的学习目标，填写在"结论与建议"中。

● 说明：

1. 符号：在英语中，（ ）里的内容表示可以省略；

2. 内容：评估手册与评估材料上的内容一一对应，完全一致，包括题号；

3. 评估者提示：可根据学生需要进行调整，同一提示不超过3遍；

4. 听做领域测评时请提醒学生先看听力内容，听力材料最多播报2遍，2遍之后属于在提示下完成；

5. 语言障碍的学生如果不能说，请评估者说，学生指认；

6. 弱视的学生请提供助视器等辅助设备。

三、评估例举

（一）听做领域

1. 二级目标1.1中，"能在提示下听懂简单的话语或录音材料"指评估者播报听力材料，指导学生仔细看图和听力内容、注意红色字体，学生根据所听对话完成相应的任务来完成评估。

2. 二级目标1.2中，"能听懂简单的配图小故事"指评估者播报简单的故事，学生根据所听故事完成相应的任务；"在提示下"指评估者可以通过指导学生仔细看图和听力内容、注意红色字体、进行预判等方式帮助学生完成评估。

3. 二级目标1.3中，"能听懂课堂活动中简单的提问"指评估者提问，学生根据所听问句进行回答；"在提示下"指评估者可以通过放慢语速、引导学生回忆课本内容、借助图片等方式帮助学生完成评估。

4. 二级目标1.4中，"能听懂常用指令和要求并做出适当的反应"建议任课教师根据常用的课堂指令进行评估；"在提示下"指评估者可以通过肢体语言提示等方式帮助学生完成评估。

（二）说唱领域

1. 二级目标2.1中，"能用10个句型交流简单的个人信息和家庭情况"要求学生根据图片说出问句或者答句，符合情境、发音准确、内容正确；"在提示下"指评估者可以指导学生看图、理解图片和情境、注意黑色字体等方式帮助学生完成评估。

2. 二级目标2.2中，"能运用一些常用的日常用语"要求学生根据图片表达，符合情境、发音准确、内容正确；"在提示下"指评估者可以通过中文情境提示、角色扮演、示范说话等方式帮助学生完成评估。

3. 二级目标 2.3 中，"能就日常生活话题作简短叙述"要求学生能简单描述日常生活话题，可以看图进行参照，注意人称和时态，以及语法知识点，发音准确、内容正确；"在提示下"指评估者可以通过提供主要句型、引导学生回忆课本内容等方式帮助学生完成评估。

4. 二级目标 2.4 中，"能在提示下描述或讲述简单的小故事"要求学生看图讲故事，发音准确、内容正确，有一定的情感和肢体语言；"在提示下"指评估者可以通过让学生再读故事、合作讲述等方式帮助学生完成评估。

（三）认读领域

1. 二级目标 3.1 中，"认读单词、词组"要求学生表达时发音准确、内容正确；"在提示下"指评估者可以通过口型演示、指导拼读等方式帮助学生完成评估。

2. 二级目标 3.2 中，"根据拼读规律读出单词"要求学生表达时发音准确、内容正确；"在提示下"指评估者可通过提示部分字母的发音或者单词的基本拼读规律等方式帮助学生完成评估。

3. 二级目标 3.3 中，"读懂要求或指令"要求学生根据评估材料提供的情景匹配相应的指令或要求；"在提示下"指评估者可以指导学生看图或认读词句，以理解指令或要求。（注：本题例题仅供参照，评估者可提出其它任务检测学生是否读懂指令或要求。）

4. 二级目标 3.4 中，"看懂贺卡"要求学生根据贺卡内容回答简单问题；"在提示下"指评估者可以指导学生看图或认读词句，以理解贺卡内容。（注：本题例题仅供参照，评估者可提出其它任务检测学生是否读懂指令或要求。）

5. 二级目标 3.5 中，"按意群读懂故事或短文"要求学生阅读评估材料中的故事或短文，正确回答问题；"在提示下"指评估者可以指导学生认读词句或使用恰当的阅读策略理解故事或短文。（注：本题例题仅供参考，评估者可提出其它任务检测学生是否按意群读懂故事或短文。）

6. 二级目标 3.6 中，"朗读课文"要求学生表达时发音准确、内容正确、吐字清晰、内容完整、注意声调；"在提示下"指评估者可通过提示部分单词或句子的读音等方式帮助学生完成评估。

（四）书写领域

1. 二级目标4.1中，评估者可以根据评估手册中的单词分类顺序进行播报，学生正确、工整、清楚地写出所听到的单词或词组；学生无法自己写出时，评估者指导学生在打乱顺序的单词中，抄写所听到的单词或词组；学生听写和抄写都无法完成时，直接描红，老师无需播报。

2. 二级目标4.2中，学生根据情境及提示，联系上下文，正确、工整、清楚地写出问候语和祝福语；学生无法正确书写时，评估者指导学生根据提示，补全对话中的问候语和祝福语。

3. 二级目标4.3中，学生根据提示，围绕话题，写出短文，并正确使用大小写字母和英文标点符号；学生无法正确书写时，评估者指导学生根据提示补全短文内容。

听做领域

姓名：_____ 年级：_____ 评估者：_____ 评估日期：_____

一级目标	二级目标	评估项目		评估内容/方法	评估记录	评估结果与分析		结论与建议
		序号	项目			得分	分析	
1 能借助图片图像、手势听懂简单的话语或录音材料；能听懂配图小故事；能听懂课堂活动中简单的提问，能听懂常用指令和要求并做出适当的反应	1.1 能在提示下听懂简单的话语或录音材料	1	听懂简单的话语或录音材料，在提示下做出相应的反应	1-1 根据听到的对话选出正确的答案（评估者见材料一，学生见材料二，评估者根据情况给予提示）				
	1.2 能听懂简单的配图小故事	2	听懂简单的小故事，做出相应的反应	2-1 根据听到的故事进行判断（评估者见材料三，学生见材料四）				
		3	听懂简单的小故事，在提示下做出相应的反应	3-1 根据听到的故事进行判断（评估者见材料四，学生见材料四，评估者根据情况给予提示）				

（续表）

一级目标	二级目标	评估项目		评估内容/方法	评估记录	评估结果与分析		结论与建议
		序号	项目			得分	分析	
	1.3 能听懂课堂活动中简单的提问	4	听问题，做出正确的回答	4-1 听问题，说出正确的回答（评估者见材料五）				
		5	听问题，在提示下做出正确的回答	5-1 听问题，说出正确的回答（评估者见材料五，根据情况给予提示）				
	1.4 能听懂常用指令和要求并做出适当的反应	6	听指令，做出适当的反应	6-1 根据听到的指令做出相应的反应（注：任课教师随堂检测。如有需求，评估者见材料六）				
		7	听指令，在提示下做出适当的反应	7-1 根据听到的指令做出相应的反应（注：任课教师随堂检测。如有需求，评估者见材料六，根据情况给予提示）				

说唱领域

姓名：_____ 年级：_____ 评估者：_____ 评估日期：_____

一级目标	二级目标	评估项目		评估内容/方法	评估记录	评估结果与分析		结论与建议
		序号	项目			得分	分析	
2 能在口头表达中做到发音清楚，语调基本达意；能就所熟悉的个人和家庭情况进行简单的对话，能运用一些最常用的日常用语，能就日常生活话题作简短叙述；能在提示下描述或讲述简单的小故事	2.1 能用10个句型交流简单的个人信息和家庭情况	1	看图片，用正确的句型交流个人信息，说出相应的对话	1-1 用正确的句型交流个人信息（见材料一）				
		2	看图片，在提示下用正确的句型交流个人信息，说出相应的对话	2-1 用正确的句型交流个人信息，评估者根据情况给予提示）				
	2.2 能运用一些常用的日常用语	3	看图片，说出相应的句子	3-1 看图片，说出相应的句子（见材料二）				
		4	看图片，在提示下说出相应的句子	4-1 看图片，说出相应的句子（见材料二，评估者根据情况给予提示）				

（续表）

一级目标	二级目标	评估项目		评估内容/方法	评估记录	评估结果与分析		结论与建议
		序号	项目			得分	分析	
	2.3 能就日常生活话题作简短叙述	5	就日常生活话题作简短叙述	5-1 就日常生活话题作简短叙述（见材料三）				
		6	在提示下就日常生活话题作简短叙述	6-1 就日常生活话题作简短叙述（见材料三，评估者根据情况给予提示）				
	2.4 能在提示下描述或讲述简单的小故事	7	在提示下描述或讲述故事	7-1 看图片，讲述故事（见材料四，评估者根据情况给予提示）				

129

认读领域

姓名：_____ 年级：_____ 评估者：_____ 评估日期：_____

一级目标	二级目标	评估项目		评估内容/方法	评估记录	评估结果与分析		结论与建议
		序号	项目			得分	分析	
3 能认读单词；能根据拼读规律，读出简单单词，能读懂教材中短的要求或指令；能看懂贺卡等表达的简单信息；能按意群读懂简单的故事或小短文；能正确朗读课文	3.1 能认读116个单词，22个词组	1	认读单词、词组	1-1 读出单词或词组（见材料一或教材单词表）				
		2	在提示下，认读单词、词组	2-1 读出单词或词组（见材料一或教材单词表，评估者根据情况给予提示）				
	3.2 能根据拼读规律，读出8组单词	3	根据拼读规律，拼读单词	3-1 读出单词，并说出划线部分字母的发音（见材料二）				
		4	在提示下，根据拼读规律，拼读单词	4-1 在提示下，读出单词，并说出划线部分字母的发音（见材料二，评估者根据情况给予提示）				

（续表）

一级目标	二级目标	评估项目		评估记录	评估结果与分析		结论与建议
		序号	项目	评估内容/方法		得分	分析	
	3.3 能读懂4组指令或要求	5	读懂教材中简短的要求或指令	5-1 将相对应的指令与图片进行配对（见材料三）			
		6	在提示下，读懂教材中简短的要求或指令	6-1 将相对应的指令与图片进行配对（见材料三，评估者根据情况给予提示）			
	3.4 能看懂圣诞贺卡表达的简单信息	7	看懂贺卡	7-1 根据贺卡上的信息选择正确的选项（见材料四）			
		8	在提示下，看懂贺卡	8-1 在提示下，根据贺卡上的信息选择正确的选项（见材料四，评估者根据情况给予提示）			

（续表）

一级目标	二级目标	评估项目		评估内容/方法	评估记录	评估结果与分析		结论与建议
		序号	项目			得分	分析	
	3.5 能按意群读懂短文，回答问题	9	按意群读懂故事或短文	9-1 阅读短文，回答问题（见材料五）注：评估者可选择其它阅读材料进行评估，例题仅供参考				
		10	在提示下，按意群读懂故事或短文	10-1 阅读短文，回答问题（见材料五，根据情况给予提示）注：评估者可选择其它阅读材料进行评估，例题仅供参考				
	3.6 能朗读学过的8篇课文	11	正确朗读课文	11-1 从阅读材料中任选5篇朗读（见材料六）				
		12	在提示下，正确朗读课文	12-1 从阅读材料中任选5篇朗读（见材料六，评估者根据情况给予提示）				

书写领域

姓名：_____　　年级：_____　　评估者：_____　　评估日期：_____

评估项目			评估内容/方法	评估记录	评估结果与分析		结论与建议
一级目标	二级目标	序号 项目			得分	分析	
4 能书写四会单词、词组和句型；能写出简单的问候语和祝福语；能根据提示，写出简短的描述	4.1 能正确、工整、清楚地书写52个四会单词和3个词组	1	听写52个四会单词、3个词组	1-1 写出所听到的单词或词组（评估者见材料二，学生见材料一）			
		2	抄写52个四会单词、3个词组	2-1 抄写所听到的单词或词组（评估者见材料三，学生见材料一）			
		3	抄写52个四会单词、3个词组	3-1 描红所给的单词或词组（见材料四）			

（续表）

一级目标	二级目标	评估项目		评估内容/方法	评估记录	评估结果与分析		结论与建议
		序号	项目			得分	分析	
	4.2 能正确、工整、清楚地写出已学的问候语和祝福语	4	根据情境，写出问候语和祝福语	4-1 根据情境和对话，写出正确的问候语和祝福语（见材料五）				
		5	根据情境，补全问候语和祝福语	5-1 根据情境和对话，补全问候语和祝福语（见材料六）				
	4.3 能根据本册所学的内容，在图片、词语或例句的提示下，围绕一个话题，写出50词左右的小短文	6	根据提示，围绕话题，写出短文	6-1 根据导图和短语提示，围绕话题 My e-friend，写出短文，不少于50词（见材料七）				
		7	根据提示，围绕话题，补全短文	7-1 根据导图和短语提示，围绕话题 My e-friend，补全短文，不少于50词（见材料八）				

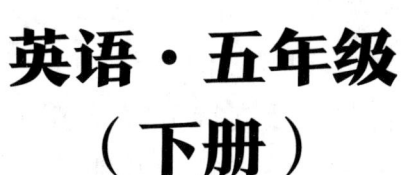

英语·五年级
（下册）

编写人员：

王 霞　黄永志　刘晓慧

学　　校：_____　　　年　　级：_____
姓　　名：_____　　　出生日期：_____
评 估 者：_____　　　评估时间：_____

评估标准：

　　3 分：独立完成单一知识/技能；或独立完成多重知识/技能 100%。

　　2 分：独立完成或在单一支持下完成多重知识/技能 60% 及以上；或在单一支持下完成单一知识/技能。

　　1 分：独立完成或在多重支持下完成多重知识/技能 20%～60% 以内；或在多重支持下完成单一知识/技能。

　　0 分：独立完成或在多重支持下完成多重知识/技能 20% 以下；或在多重支持下无法完成单一知识/技能。

使用指南

一、设计思路

五年级下册英语课程评估手册共分为听做、说唱、认读、书写四个领域，每个领域的目标由一级目标和二级目标组成。本册共计4个领域、4个一级目标、17个二级目标、33个评估项目。听做领域一级目标1个，二级目标4个，评估项目7项；说唱领域一级目标1个，二级目标4个，评估项目7项；认读领域一级目标1个，二级目标6个，评估项目12项；书写领域一级目标1个，二级目标3个，评估项目7项。一级目标来自义务教育英语课程标准，二级目标是结合译林出版社五年级下册英语教材对一级目标分解而来。每个二级目标下设计有数个评估项目，同一个二级目标下的评估项目是按照由独立到提示或由难到易的顺序排列。例如：二级目标"3.1能认读109个单词、43个词组"下，有两个评估项目，"1.认读单词、词组"，这是评估学生能否独立认读，能认识多少，能读对多少；"2.在提示下，认读单词、词组"这是评估学生不能独立认读时，在语音、卡片、动作等提示下，能认识多少，能读对多少。每个评估项目后都列出了评估内容/方法，说明评估什么、用什么评估、怎么评估。

二、操作方法

评估时，评估者先从第一个评估项目开始，如果被评估的学生在该评估项目上全部通过，直接跳到下一个二级目标的第一个评估项目继续评估，以此类推。对通过的项目在评估手册的"评估记录"栏中记录评估结果，例如："能认读109个单词、43个词组"，如果学生能全部独立认读，就根据评分标准在"评估结果与分析"得分栏中记3分，分析栏中说明该生已经100%掌握五年级下册109个单词和43个词组的认读，学习目标已达成，建议该生可以进入后续目标学习。如果学生能独立认读91个，正确率60%，根据评分标准在"评估结果与分析"得分栏中记2分。如果学生只能独立认读46个，正确率30%，只记1分，分析栏中说明该生未能全部认读，建议进行提示下再评估。

如果被评估的学生在评估项目1（独立完成项目）没有全部通过，就进入评估项目2（提示下完成项目）继续评估未通过的评估内容。如果在单一提示下完成，属于2分项；如果在两种或两种以上提示下完成，属于1分项；如果在多重提示下仍然无法完成，属于0分项，都在评估材料中标注评估结果。将处于最近发展区的2分项和1分项分别汇总，填写在评估手册的"评估结果与分析"栏中，并做分析。2分项和1分项是学生可接近性学习目标，从中优先选择迫切需要学习的项目，作为下一阶段的学习目标，填写在"结论与建议"中。

● 说明：

1. 符号：在英语中，（　）里的内容表示可以省略；

2. 内容：评估手册与评估材料上的内容一一对应，完全一致，包括题号；

3. 评估者提示：可根据学生需要进行调整，同一提示不超过3遍；

4. 听做领域测评时请提醒学生先看听力内容，听力材料最多播报2遍，2遍之后属于在提示下完成；

5. 语言障碍的学生如果不能说，请评估者说，学生指认；

6. 弱视的学生请提供助视器等辅助设备。

三、评估例举

（一）听做领域

1. 二级目标1.1中，"能在提示下听懂简单的话语或录音材料"指评估者播报听力材料，指导学生仔细看图和听力内容、注意红色字体，学生根据所听对话完成相应的任务来完成评估。

2. 二级目标1.2中，"能听懂简单的配图小故事"指评估者播报简单的故事，学生根据所听故事完成相应的任务；"在提示下"指评估者可以通过指导学生仔细看图和听力内容、注意红色字体、进行预判等方式帮助学生完成评估。

3. 二级目标1.3中，"能听懂课堂活动中简单的提问"指评估者提问，学生根据所听问句进行回答；"在提示下"指评估者可以通过放慢语速、引导学生回忆课本内容、借助图片等方式帮助学生完成评估。

4. 二级目标1.4中，"能听懂常用指令和要求并做出适当的反应"建议任课教师根据常用的课堂指令进行评估；"在提示下"指评估者可以通过肢体语言提示等方式帮助学生完成评估。

（二）说唱领域

1. 二级目标 2.1 中，"能用7个句型交流简单的个人信息和家庭情况"要求学生根据图片说出问句或者答句，符合情境、发音准确、内容正确；"在提示下"指评估者可以指导学生看图、理解图片和情境、注意黑色字体等方式帮助学生完成评估。

2. 二级目标 2.2 中，"能运用一些常用的日常用语"要求学生根据图片表达，符合情境、发音准确、内容正确；"在提示下"指评估者可以通过中文情境提示、角色扮演、示范说话等方式帮助学生完成评估。

3. 二级目标 2.3 中，"能就日常生活话题作简短叙述"要求学生能简单描述日常生活话题，可以看图进行参照，注意人称和时态，以及语法知识点，发音准确、内容正确；"在提示下"指评估者可以通过提供主要句型、引导学生回忆课本内容等方式帮助学生完成评估。

4. 二级目标 2.4 中，"能在提示下描述或讲述简单的小故事"要求学生看图讲故事，发音准确、内容正确，有一定的情感和肢体语言；"在提示下"指评估者可以通过让学生再读故事、合作讲述等方式帮助学生完成评估。

（三）认读领域

1. 二级目标 3.1 中，"认读单词、词组"要求学生表达时发音准确、内容正确；"在提示下"指评估者可以通过口型演示、指导拼读等方式帮助学生完成评估。

2. 二级目标 3.2 中，"根据拼读规律读出单词"要求学生表达时发音准确、内容正确；"在提示下"指评估者可通过提示部分字母的发音或者单词的基本拼读规律等方式帮助学生完成评估。

3. 二级目标 3.3 中，"读懂要求或指令"要求学生根据评估材料提供的情景匹配相应的指令或要求；"在提示下"指评估者可以指导学生看图或认读词句，以理解指令或要求。（注：本题例题仅供参照，评估者可提出其它任务检测学生是否读懂指令或要求。）

4. 二级目标 3.4 中，"看懂贺卡"要求学生根据贺卡内容回答简单问题；"在提示下"指评估者可以指导学生看图或认读词句，以理解贺卡内容。（注：本题例题仅供参照，评估者可提出其它任务检测学生是否读懂指令或要求。）

5. 二级目标 3.5 中，"按意群读懂故事或短文"要求学生阅读评估材料中的故事或短文，正确回答问题；"在提示下"指评估者可以指导学生认读词句或使用恰当的阅读策略理解故事或短文。（注：本题例题仅供参考，评估者可提出其它任务检测学生是否按意群读懂故事或短文。）

6. 二级目标 3.6 中，"朗读课文"要求学生表达时发音准确、内容正确、吐字清晰、内容完整、注意声调；"在提示下"指评估者可通过提示部分单词或句子的读音等方式帮助学生完成评估。

（四）书写领域

1. 二级目标 4.1 中，评估者可以根据评估手册中的单词分类顺序进行播报，学生正确、工整、清楚地写出所听到的单词或词组；学生无法自己写出时，评估者指导学生在打乱顺序的单词中，抄写所听到的单词或词组；学生听写和抄写都无法完成时，直接描红，老师无需播报。

  2. 二级目标4.2中，学生根据情境及提示，联系上下文，正确、工整、清楚地写出问候语和祝福语；学生无法正确书写时，评估者指导学生根据提示，补全对话中的问候语和祝福语。

  3. 二级目标4.3中，学生根据提示，围绕话题，写出短文，并正确使用大小写字母和英文标点符号；学生无法正确书写时，评估者指导学生根据提示补全短文内容。

听做领域

姓名：_____ 年级：_____ 评估者：_____ 评估日期：_____

一级目标	二级目标	评估项目		评估内容/方法	评估记录	评估结果与分析		结论与建议
		序号	项目			得分	分析	
1 能借助图片、图像、手势等提示听懂简单的话语或录音材料；能听懂课堂活动中简单的提问；能听懂指令和要求并做出适当的反应	1.1 能在提示下听懂简单的话语或录音材料	1	听懂简单的话语或录音材料，在提示下做出相应的反应	1-1 根据听到的对话给图片排序（评估者见材料一，学生见材料二，评估者根据情况给予提示）				
	1.2 能听懂简单的配图小故事	2	听懂简单的小故事，做出相应的反应	2-1 根据听到的故事进行判断（评估者见材料三，学生见材料四）				
		3	听懂简单的小故事，在提示下做出相应的反应	3-1 根据听到的故事进行判断（评估者见材料三，学生见材料四，评估者根据情况给予提示）				

（续表）

一级目标	二级目标	评估项目		评估内容/方法	评估记录	评估结果与分析		结论与建议
		序号	项目			得分	分析	
	1.3 能听懂课堂活动中简单的提问	4	听问题，做出正确的回答	4-1 听问题，说出正确的回答（评估者见材料五）				
		5	听问题，在提示下做出正确的回答	5-1 听问题，说出正确的回答（评估者见材料五，根据情况给予提示）				
	1.4 能听懂指令常用指令和要求并做出适当的反应	6	听指令，做出适当的反应	6-1 根据听到的指令做出相应的反应（注：任课教师随堂检测。如有需求，评估者见材料六）				
		7	听指令，在提示下做出适当的反应	7-1 根据听到的指令做出相应的反应（注：任课教师随堂检测。如有需求，评估者见材料六，根据情况给予提示）				

说唱领域

姓名：_____ 年级：_____ 评估者：_____ 评估日期：_____

一级目标	二级目标	评估项目		评估内容/方法	评估记录	评估结果与分析		结论与建议
		序号	项目			得分	分析	
2 能在口头表达中做到发音基本清楚，语调基本达意；能就所熟悉的个人和家庭情况进行简单的对话；能运用一些最常用的日常用语；能就日常生活话题作简短叙述；能在提示下描述或讲述简单的小故事	2.1 能用10个句型交流个人信息的简单的家庭情况	1	看图片，用正确的句型交流个人信息，说出相应的对话	1-1 用正确的句型交流个人信息（见材料一）				
		2	看图片，在提示下用正确的句型交流个人信息，说出相应的对话	2-1 用正确的句型交流个人信息，评估者根据情况给予提示（见材料一）				
	2.2 能运用一些常用的日常用语	3	看图片，说出相应的句子	3-1 看图片，说出相应的句子（见材料二）				
		4	看图片，在提示下说出相应的句子	4-1 看图片，说出相应的句子（见材料二），评估者根据情况给予提示				

(续表)

一级目标	二级目标	评估项目		评估内容/方法	评估记录	评估结果与分析		结论与建议
		序号	项目			得分	分析	
	2.3 能就日常生活话题作简短叙述	5	就日常生活话题作简短叙述	5-1 就日常生活话题作简短叙述（见材料三）				
		6	在提示下就日常生活话题作简短叙述	6-1 就日常生活话题作简短叙述，评估者根据情况给予提示（见材料三）				
	2.4 能在提示下描述讲述简单的小故事	7	在提示下描述讲述或讲述简单的小故事	7-1 看图片，在提示下讲述故事（见材料四，评估者根据情况给予提示）				

认读领域

姓名：_____　　年级：_____　　评估者：_____　　评估日期：_____

一级目标	二级目标	评估项目 序号	评估项目 项目	评估内容/方法	评估记录	评估结果与分析 得分	评估结果与分析 分析	结论与建议
3 能认读单词，能根据拼读规律，读出简单的单词；能读懂教材中简短的要求或指令；能看懂贺卡等表达的简单信息；能按意群读懂简单的故事或小短文；能正确朗读课文	3.1 能认读109个单词，43个词组	1	认读单词、词组	1-1 读出下列单词或词组（见材料一或教材单词表）				
		2	在提示下，认读单词、词组	2-1 读出下列单词或词组（见材料一或教材单词表，评估者根据情况给予提示）				
	3.2 能根据拼读规律，读出单词、8组单词	3	根据拼读规律，拼读单词	3-1 读出单词，并说出划线部分字母的发音（见材料二）				
		4	在提示下，根据拼读规律，拼读单词	4-1 在提示下，读出单词，并说出划线部分字母的发音（见材料二，评估者根据情况给予提示）				

145

(续表)

一级目标	二级目标	评估项目		评估内容/方法	评估记录	评估结果与分析		结论与建议
		序号	项目			得分	分析	
	3.3 能读懂要求或指令	5	读懂教材中简短的要求或指令	5-1 将相对应的指令与图片进行配对（见材料三）				
		6	在提示下，读懂教材中简短的要求或指令	6-1 将相对应的指令与图片进行配对（见材料三，评估者根据情况给予提示）				
	3.4 能看懂生日贺卡表达的简单信息	7	看懂贺卡	7-1 请根据贺卡上的信息选择正确选项（见材料四）				
		8	在提示下，看懂贺卡	8-1 请根据贺卡上的信息选择正确选项（见材料四，评估者根据情况给予提示）				

（续表）

一级目标	评估项目		评估内容/方法	评估记录	评估结果与分析		结论与建议
	序号	项目			得分	分析	
3.5 能按意群读懂故事或短文	9	按意群读懂故事或短文	9-1 阅读短文，回答问题（见材料五）				
	10	在提示下，按意群读懂故事或短文	10-1 阅读短文，回答问题（见材料五，评估者根据情况给予提示。注：评估者可选择其它教材或绘本故事进行评估，例题仅供参考）				
3.6 能朗读学过的8篇课文	11	正确朗读课文	11-1 从阅读材料中任选5篇朗读（见材料六）				
	12	在提示下，正确朗读课文	12-1 从阅读材料中任选5篇朗读（见材料六，评估者根据情况给予提示）				

书写领域

姓名：_____ 年级：_____ 评估者：_____ 评估日期：_____

一级目标	二级目标	评估项目		评估内容/方法	评估记录	评估结果与分析		结论与建议
		序号	项目			得分	分析	
4 能书写四会单词、词组和句型；能写出简单的问候语和祝福语；能根据提示，写出简短的描述。	4.1 能正确、工整、清楚地书写53个四会单词和8个词组	1	听写53个四会单词，8个词组	1-1 写出所听到的单词或词组（评估者见材料一，学生见材料二）				
		2	抄写53个四会单词，8个词组	2-1 抄写所听到的单词或词组（评估者见材料三，学生见材料一）				
		3	抄写53个四会单词，8个词组	3-1 描红所给的单词或词组（见材料四）				

（续表）

一级目标	二级目标	评估项目		评估内容/方法	评估记录	评估结果与分析		结论与建议
		序号	项目			得分	分析	
	4.2 能正确、工整、清楚地写出已学的问候语和祝福语	4	根据情境，写出问候语和祝福语	4-1 根据情境和对话，写出正确的问候语和祝福语（见材料五）				
		5	根据情境，补全问候语和祝福语	5-1 根据情境和对话，补全问候语和祝福语（见材料六）				
	4.3 能根据本册所学的内容，在图片、词语或例句的提示下，围绕一个话题，写出50词左右的小短文	6	根据提示，围绕话题，写出短文	6-1 根据图片和短语提示，围绕话题 The Spring Festival，写出短文，不少于50词（见材料七）				
		7	根据提示，围绕话题，补全短文	7-1 根据图片和短语提示，围绕话题 The Spring Festival，补全短文，不少于50词（见材料八）				

普通学校
特殊需要学生
课程评估工具

评估材料 五年级 语文 数学 英语

Curriculum Assessment Tools for Students with Special Needs in General Primary Schools

王 辉　宋修玲　著

编写团队（按姓氏笔画排序）
王淑琴　王　霞　刘　婷　刘加芳
刘晓慧　芮代琴　李月月　吴振兰
宋晓杰　张　华　张　琳　茅　成
赵　莉　赵　敏　顾　静　钱正慧
翁丽丽　唐宁宁　黄永志　彭益珍

南京大学出版社

图书在版编目（CIP）数据

普通学校特殊需要学生课程评估工具.五年级/王辉,宋修玲著.--南京：南京大学出版社,2023.4
ISBN 978-7-305-26759-8

Ⅰ.①普… Ⅱ.①王…②宋… Ⅲ.①特殊教育－课程－评价 Ⅳ.①G76

中国国家版本馆CIP数据核字（2023）第035665号

出版发行	南京大学出版社
社　　址	南京市汉口路22号　　　邮　编　210093
出 版 人	金鑫荣

书　　名	普通学校特殊需要学生课程评估工具.五年级
著　　者	王　辉　宋修玲
责任编辑	丁　群

照　　排	南京新华丰制版有限公司
印　　刷	南京凯德印刷有限公司
开　　本	787×1092　1/16　印张29.5　字数420千
版　　次	2023年4月第1版　2023年4月第1次印刷
ISBN	978-7-305-26759-8
定　　价	150.00元

网　　址	http://www.njupco.com
官方微博	http://weibo.com/njupco
微信服务	njuyuexue
销售热线	（025）83594756

＊版权所有，侵权必究

＊凡购买南大版图书，如有印装质量问题，请与所购图书销售部门联系调换

目 录

语文·五年级（上册）

识字与写字领域 ……………………………………… 3

阅读领域 ……………………………………………… 30

口语交际领域 ………………………………………… 48

习作领域 ……………………………………………… 52

语文·五年级（下册）

识字与写字领域 ……………………………………… 65

阅读领域 ……………………………………………… 89

口语交际领域 ………………………………………… 107

习作领域 ……………………………………………… 111

数学·五年级（上册）

数与代数领域 ………………………………………… 121

图形与几何领域 ……………………………………… 146

统计与概率 …………………………………………… 156

数学·五年级（下册）

数与代数领域……………………………… 163

图形与几何领域…………………………… 187

统计与概率………………………………… 193

英语·五年级（上册）

听做领域…………………………………… 200

说唱领域…………………………………… 206

认读领域…………………………………… 232

书写领域…………………………………… 242

英语·五年级（下册）

听做领域…………………………………… 255

说唱领域…………………………………… 261

认读领域…………………………………… 283

书写领域…………………………………… 294

语文·五年级
（上册）

编写人员：

赵 莉　张 琳　唐宁宁　王淑琴　钱正慧　张 华
彭益珍　顾 静

绘图：

张劲松

学　　校：_____　　年　　级：_____
姓　　名：_____　　出生日期：_____
评 估 者：_____　　评估时间：_____

评估标准：

3 分：独立完成单一知识/技能；或独立完成多重知识/技能 100%。

2 分：独立完成或在单一支持下完成多重知识/技能 60% 及以上；或在单一支持下完成单一知识/技能。

1 分：独立完成或在多重支持下完成多重知识/技能 20% ~ 60% 以内；或在多重支持下完成单一知识/技能。

0 分：独立完成或在多重支持下完成多重知识/技能 20% 以下；或在多重支持下无法完成单一知识/技能。

识字与写字领域

材料一：

1-1 常用汉字

鹭 1	匣 2	榨 3	榴 4	矮 5	箩 6	蔓 7	雏 8	柜 9	睑 10	壁 11	典 12	鸵 13	岔 14	监 15
狱 16	酿 17	婚 18	珊 19	瑚 20	礁 21	筐 22	鳞 23	胎 24	陵 25	烬 26	艇 27	筷 28	炊 29	勺 30
摄 31	炭 32	权 33	藓 34	锥 35	刎 36	褐 37	兜 38	茧 39	栈 40	跷 41	枕 42	桨 43	桩 44	瓷 45
籍 46	磁 47	酵 48	趴 49	挽 50	搅 51	舀 52	斩 53	嫌 54	嵌 55	嗜 56	韵 57	亩 58	吩 59	杭 60
幽 61	悉 62	享 63	陪 64	眸 65	汛 66	惰 67	衡 68	协 69	绰 70	臣 71	诺 72	罪 73	廉 74	抵 75
御 76	辞 77	辱 78	擅 79	卿 80	袍 81	赢 82	侵 83	略 84	垒 85	丘 86	搁 87	陷 88	拐 89	酬 90
誓 91	谎 92	牺 93	嫂 94	恳 95	筛 96	歹 97	罕 98	梭 99	瞄 100	俭 101	皇 102	偎 103	衰 104	拗 105
乃 106	熏 107	亥 108	恃 109	撒 110	泻 111	惶 112	履 113	估 114	煌 115	珑 116	别 117	澜 118	宏 119	奉 120
域 121	矛 122	盾 123	喉 124	咙 125	殖 126	疗 127	驯 128	矫 129	歇 130	狭 131	勉 132	魄 133	抑 134	颇 135
噪 136	惫 137	耽 138	权 139	冤 140	柱 141	恍 142	惚 143	僻 144	委 145	迪 146	嫁 147	缴 148	榜 149	兼 150

嘲 151	誊 152	励 153	版 154	祥 155	歧 156	谨 157	榆 158	畔 159	聒 160	旷 161	怡 162	凛 163	冽 164	逸 165
暇 166	嫦 167	娥 168	嫉 169	妒 170	耻 171	寝 172	舅 173	岂 174	宴 175	凯 176	葛 177	浒 178	鲁 179	煞 180
寇 181	贾 182	刊 183	琐 184	栩 185	呻 186	某 187	喻 188	瘾 189	饥 190	偿 191	甸 192	悟 193	馈 194	皎 195
鉴 196	沥 197	哟 198	哉 199	矣 200										

材料二：

2-1 词语和图片

鹭 1	匣 2	榨 3
bái lù 白鹭	jìng xiá 镜匣	zhà zhī 榨汁
榴 4	矮 5	箩 6
shí liu 石榴	gāo ǎi 高矮	zhú luó 竹箩
蔓 7	雏 8	柜 9
jīng màn 茎蔓	chú jī 雏鸡	guì zi 柜子
睑 10	璧 11	典 12
yǎn jiǎn 眼睑	bì yù 璧玉	zì diǎn 字典

鸵 13  tuó niǎo 鸵鸟	岔 14  chà lù 岔路	监 15  jiān yù 监狱
狱 16  jiān yù 监狱	酿 17  jiǔ niàng 酒酿	婚 18  hūn lǐ 婚礼
珊 19  shān hú 珊瑚	瑚 20  shān hú 珊瑚	礁 21  jiāo shí 礁石
筐 22  luó kuāng 箩筐	鳞 23  yú lín 鱼鳞	胎 24  lún tāi 轮胎

陵 25	烬 26	艇 27
zhōng shān líng 中山陵	huī jìn 灰烬	kuài tǐng 快艇
筷 28	炊 29	勺 30
kuài zi 筷子	chuī jù 炊具	sháo zi 勺子
摄 31	炭 32	杈 33
shè shì dù 摄氏度	tàn huǒ 炭火	shù chà 树杈
藓 34	锥 35	纫 36
tái xiǎn 苔藓	yuán zhuī 圆锥	féng rèn jī 缝纫机

褐 37  hè sè 褐色	兜 38  yī dōu 衣兜	茧 39  cán jiǎn 蚕茧
栈 40  kè zhàn 客栈	跷 41  gāo qiāo 高跷	枕 42  zhěn tou 枕头
桨 43  chuán jiǎng 船桨	桩 44  mù zhuāng 木桩	瓷 45  cí qì 瓷器
籍 46  shū jí 书籍	磁 47  cí tiě 磁铁	酵 48  jiào mǔ 酵母

材料三：

2-2 动作和词语

趴 pā zhe 趴着 49	挽 wǎn kù 挽裤 50	搅 jiǎo dòng 搅动 51
舀 yǎo qǐ 舀起 52	斩 zhǎn duàn 斩断 53	

材料四：

2-3 汉字

嫌54	嵌55	亩58	吩59	悉62	享63	汛66	惰67
嗜56	韵57	杭60	幽61	陪64	眸65	衡68	协69
绰70	臣71	廉74	抵75	辱78	擅79	赢82	侵83
诺72	罪73	御76	辞77	卿80	袍81	略84	垒85
丘86	搁87	酬90	誓91	嫂94	恳95	罕98	梭99
陷88	拐89	谎92	牺93	筛96	歹97	瞻100	俭101
皇102	偎103	乃106	熏107	撒110	泻111	估114	煌115
衰104	拗105	亥108	恃109	惶112	履113	珑116	剔117
澜118	宏119	矛122	盾123	殖126	疗127	歇130	狭131
奉120	域121	喉124	咙125	驯128	矫129	勉132	魄133
抑134	颓135	耽138	权139	恍142	惚143	迪146	嫁147
噪136	惫137	冤140	枉141	僻144	委145	缴148	榜149

兼 150	嘲 151	版 154	祥 155	榆 158	畔 159	怡 162	凛 163
誊 152	励 153	歧 156	谨 157	眈 160	旷 161	洌 164	逸 165
暇 166	嫦 167	妒 170	耻 171	岂 174	宴 175	浒 178	鲁 179
娥 168	嫉 169	寝 172	舅 173	凯 176	葛 177	煞 180	寇 181
贾 182	刊 183	呻 186	某 187	饥 190	偿 191	馈 194	皎 195
琐 184	栩 185	喻 188	瘾 189	甸 192	悟 193	鉴 196	沥 197
哟 198	哉 199						
矣 200							

材料五：

3-1 常用字词和多音字

1. 常用字词

鹭	匣	榨	榴	矮	箩	蔓	雏	柜	睑	璧	典	驼	岔	监
1	2	3	4	5	6	7	8	9	10	11	12	13	14	15
狱	酿	婚	珊	瑚	礁	筐	鳞	胎	陵	烬	艇	筷	炊	勺
16	17	18	19	20	21	22	23	24	25	26	27	28	29	30
摄	炭	权	藓	锥	纫	褐	兜	茧	栈	跷	枕	桨	桩	瓷
31	32	33	34	35	36	37	38	39	40	41	42	43	44	45
籍	磁	酵	趴	挽	搅	舀	斩	嫌	嵌	嗜	韵	亩	吩	杭
46	47	48	49	50	51	52	53	54	55	56	57	58	59	60
幽	悉	享	陪	眸	汛	惰	衡	协	绰	臣	诺	罪	廉	抵
61	62	63	64	65	66	67	68	69	70	71	72	73	74	75
御	辞	辱	擅	卿	袍	赢	侵	略	垒	丘	搁	陷	拐	酬
76	77	78	79	80	81	82	83	84	85	86	87	88	89	90
誓	谎	牺	嫂	恳	筛	歹	罕	梭	瞄	俭	皇	偎	衰	拗
91	92	93	94	95	96	97	98	99	100	101	102	103	104	105
乃	熏	亥	恃	撒	泻	惶	履	估	煌	珑	剔	澜	宏	奉
106	107	108	109	110	111	112	113	114	115	116	117	118	119	120
域	矛	盾	喉	咙	殖	疗	驯	矫	歇	狭	勉	魄	抑	颊
121	122	123	124	125	126	127	128	129	130	131	132	133	134	135
噪	惫	耽	权	冤	柱	恍	惚	僻	委	迪	嫁	缴	榜	兼
136	137	138	139	140	141	142	143	144	145	146	147	148	149	150

嘲	誊	励	版	祥	歧	谨	榆	畔	聒	旷	怡	凛	冽	逸
151	152	153	154	155	156	157	158	159	160	161	162	163	164	165
暇	嫦	娥	嫉	妒	耻	寝	舅	岂	宴	凯	葛	浒	鲁	煞
166	167	168	169	170	171	172	173	174	175	176	177	178	179	180
寇	贾	刊	琐	栩	呻	某	喻	瘾	饥	偿	甸	悟	馈	皎
181	182	183	184	185	186	187	188	189	190	191	192	193	194	195
鉴	沥													
196	197													

2. 多音字

待	间	强	划	削	冠	任	落	奔
哼	更	悄	累	识	传	卷	差	

材料六：

4-1 生字

趴	挽	搅	舀	斩									
49	50	51	52	53									

材料七：

4-2 常用字词和多音字

1. 常用字词

鹭	匣	榨	榴	笋	蔓	雏	柜	睑	典	驼	岔	监	狱	酿
1	2	3	4	6	7	8	9	10	12	13	14	15	16	17
婚	珊	瑚	礁	筐	鳞	胎	陵	烬	艇	炊	摄	炭	藓	纫
18	19	20	21	22	23	24	25	26	27	29	31	32	34	36
栈	跷	枕	籍	磁	酵	嫌	嵌	嗜	韵	亩	吩	杭	幽	悉
40	41	42	46	47	48	54	55	56	57	58	59	60	61	62
享	陪	眸	汛	惰	衡	协	绰	臣	诺	罪	廉	抵	御	辞
63	64	65	66	67	68	69	70	71	72	73	74	75	76	77
辱	擅	卿	袍	赢	侵	略	垒	丘	搁	陷	拐	酬	誓	谎
78	79	80	81	82	83	84	85	86	87	88	89	90	91	92
牺	嫂	恳	筛	歹	罕	梭	瞪	俭	皇	偎	衰	拗	乃	熏
93	94	95	96	97	98	99	100	101	102	103	104	105	106	107
亥	恃	撒	泻	惶	履	估	煌	珑	剔	澜	宏	奉	域	矛
108	109	110	111	112	113	114	115	116	117	118	119	120	121	122
盾	喉	咙	殖	疗	驯	矫	歇	狭	勉	魄	抑	颊	噪	惫
123	124	125	126	127	128	129	130	131	132	133	134	135	136	137
耽	权	冤	枉	恍	惚	僻	委	迪	嫁	缴	榜	兼	嘲	誊
138	139	140	141	142	143	144	145	146	147	148	149	150	151	152
励	版	祥	歧	谨	榆	畔	聒	旷	怡	凛	冽	逸	暇	嫦
153	154	155	156	157	158	159	160	161	162	163	164	165	166	167

娥	嫉	妒	耻	寝	舅	岂	宴	凯	葛	浒	鲁	煞	寇	贾
168	169	170	171	172	173	174	175	176	177	178	179	180	181	182
刊	琐	栩	呻	某	喻	瘾	饥	偿	甸	悟	馈	皎	鉴	沥
183	184	185	186	187	188	189	190	191	192	193	194	195	196	197

2. 多音字

他的伤很重，但没哼一声。

"大家的？哼！"将军重重地放下筷子。

不识庐山真面目，只缘身在此山中。

默而识之，学而不厌，诲人不倦。

材料八：

4-3 字和图片

材料九：

7-1 书写听到的汉字

材料十：

8-1 仿写汉字

宜		鹤		嫌		朱		嵌	
框		匣		哨		恩		韵	
亩		播		浇		吩		咐	
亭		榨		慕		矮		谈	
懂		兰		箩		婆		糕	
饼		浸		缠		茶		捡	
汛		访		鞋		挽		隔	
懒		惰		稳		衡		协	
召		臣		议		缺		宫	
献		诺		典		抄		罪	

怯		拒		荆		冠		俯	
喷		枚		箭		筒		束	
赤		圈		置		侵		略	
筑		堡		党		丘		妨	
蔽		陷		拐		酬		珍	
叮		嘱		塌		焦		誓	
谎		延		悔		扶		郎	
爹		嫂		辆		歹		罕	
纱		妻		趟		托		溜	
婚		辈		挨		祭		乃	

熏		杭		亥		恃		哀	
拘		泻		潜		试		胎	
皇		履		疆		毁		估	
拱		辉		煌		殿		陵	
览		境		宏		唐		闯	
统		销		奉		摄		氏	
殖		粮		炭		区		杀	
菌		疗		鼠		秀		玲	
珑		歇		窝		滑		拾	
狭		勉		梳		辞		抑	

碌	吊	酷	暑	噪
脊	罩	竟	哇	忍
械	酸	权	蚕	考
疼	席	糖	屑	启
迪	钉	陪	毕	煮
枕	孙	泊	愁	寺
畔	黎	晕	漆	匆
幕	愈	旷	怡	逸
免	桨	榕	纠	耀
桩	涨	塔	梢	暇

眉		抛		耻		诲		谓	
诵		岂		舅		津		斩	
限		凯		葛		述		贾	
衰		刊		琐		朴		某	

材料十一：

9-1 描写汉字

宜	鹤	嫌	朱	嵌	框	匣	哨	恩	韵
亩	播	浇	吩	咐	亭	榨	慕	矮	谈
懂	兰	箩	婆	糕	饼	浸	缠	茶	捡
汛	访	鞋	挽	隔	懒	惰	稳	衡	协
召	臣	议	缺	宫	献	诺	典	抄	罪
怯	拒	荆	冠	俯	喷	枚	箭	筒	束
赤	圈	置	侵	略	筑	堡	党	丘	妨
蔽	陷	拐	酬	珍	叮	嘱	塌	焦	誓
谎	延	悔	扶	郎	爹	嫂	辆	歹	罕
纱	妻	趟	托	溜	婚	辈	挨	祭	乃

熏	杭	亥	恃	哀	拘	泻	潜	试	胎
皇	履	疆	毁	估	拱	辉	煌	殿	陵
览	境	宏	唐	闯	统	销	奉	摄	氏
殖	粮	炭	区	杀	菌	疗	鼠	秀	玲
珑	歇	窝	滑	拾	狭	勉	梳	辞	抑
碌	吊	酷	暑	噪	脊	罩	竟	哇	忍
械	酸	权	蚕	考	疼	席	糖	屑	启
迪	钉	陪	毕	煮	枕	孙	泊	愁	寺
畔	黎	晕	漆	匆	幕	愈	旷	怡	逸
免	桨	榕	纠	耀	桩	涨	塔	梢	暇
眉	抛	耻	侮	谓	诵	岂	舅	津	斩
限	凯	葛	述	贾	衷	刊	琐	朴	某

材料十二：

11-1 书写一段话

书写要求：

1.每一行诗句都居中写，注意上下、左右文字要对齐。

2.注意笔画、结构等方面的细节。

　　己亥杂诗

九州生气恃风雷，

万马齐喑究可哀。

我劝天公重抖擞，

不拘一格降人材。

　　　　龚自珍诗

材料十三：

12-1 书写一段话

书写要求：

1.每一行诗句都居中写，注意上下、左右文字要对齐。

2.注意笔画、结构等方面的细节。

夜宿山寺

危楼高百尺，

手可摘星辰。

不敢高声语，

恐惊天上人。

　　　　李白诗

材料十四：

13-1 说出"欧体"书法作品特点

14-1 用毛笔临摹书法作品

阅读领域

材料一：

1~6 文章《莫高窟》第3自然段、《厄运打不垮的信念》第2自然段

莫高窟（第3自然段）

　　莫高窟不仅有精妙绝伦的彩塑，还有四万五千多平方米宏伟瑰丽的壁画。壁画的内容丰富多彩，有记录佛教故事的，有描绘神佛形象的，有反映民间生活的，还有描摹自然风光的。其中最引人注目的，是那成百上千的飞天。壁画上的飞天，有的臂挎花篮，采摘鲜花；有的怀抱琵琶，轻拨银弦；有的倒悬身子，自天而降；有的彩带飘拂，漫天遨游；有的舒展双臂，翩翩起舞……看着这些精美的壁画，就像是走进了灿烂辉煌的艺术殿堂。

厄运打不垮的信念（第2自然段）

　　面对这部可以流传千古的鸿篇巨制，谈迁心中的喜悦可想而知。可是，就在书稿即将付印前发生了一件意想不到的事情。一天夜里，小偷溜进他家，见家徒四壁，无物可偷，以为锁在竹箱里的《国榷》原稿是值钱的财物，就把整个竹箱偷走了。从此，这部珍贵的书稿就下落不明。20多年的心血转眼之间化为乌有，这对任何人来说都是致命的打击，更何况此时的谈迁已经是体弱多病的老人了。他茶饭不思，夜难安寝，只有两行热泪在不停流淌。很多人以为他再也站不起来了，但厄运并没有打垮谈迁，他很快从痛苦中挣脱出来，又回到了书桌旁，下决心从头撰写这部史书。

材料二：

7~14 文章《莫高窟》

莫高窟*

敦煌莫高窟是祖国西北的一颗明珠。她坐落在甘肃省三危山和鸣沙山的怀抱中，四周布满沙丘，492个洞窟像蜂窝似的排列在断崖绝壁上。

莫高窟保存着两千多尊彩塑。这些彩塑个性鲜明，神态各异。有慈眉善目的菩萨，有威风凛凛的天王，还有强壮勇猛的力士。有一尊卧佛长达16米，他侧身卧着，眼睛微闭，神态安详。看到这一尊尊惟妙惟肖(wéi)的彩塑，游人无不啧啧赞叹。

莫高窟不仅有精妙绝伦的彩塑，还有四万五千多平方米宏伟瑰丽的壁画。壁画的内容丰富多彩，有记录佛教故事的，有描绘神佛形象的，有反映民间生活的，还有描摹自然风光的。其中最引人注目的，是那成百上千的飞天。壁画上的飞天，

---

* 本文选自苏教版《语文》五年级上册。

有的臂挎花篮，采摘鲜花；有的怀抱琵琶，轻拨银弦；有的倒悬身子，自天而降；有的彩带飘拂，漫天遨游；有的舒展双臂，翩翩起舞……看着这些精美的壁画，就像是走进了灿烂辉煌的艺术殿堂。

莫高窟里还有一个面积不大的洞窟——藏经洞。洞里曾藏有我国古代的各种经卷、文书、帛画、刺绣、铜像等六万多件。由于清王朝腐败无能，大量珍贵的文物被帝国主义分子掠走。仅存的部分经卷，现在陈列于北京故宫等处。

莫高窟是举世闻名的艺术宝库，这里的每一尊彩塑、每一幅壁画，都是我国古代劳动人民智慧的结晶。

7-1 带着问题"课文中具体写了哪些景物"默读《莫高窟》，并回答问题

8-1 带着问题"课文中具体写了哪些景物"默读《莫高窟》，在提示下回答问题
　　提示：第2至第4自然段分别写了什么景物？

9-1 默读《莫高窟》，找出第2至4自然段的中心句

10-1 默读《莫高窟》，在提示下找出第2至4自然段的中心句

  提示：中心句一般位于段落的什么位置？

11-1 说出/比划出《莫高窟》表达的思想感情

12-1 在提示下说出/比划出《莫高窟》表达的思想感情

本文表达的思想感情是（ ）

A.本文赞美莫高窟，赞扬古代劳动人民的智慧。

B.本文感叹莫高窟彩塑的精妙绝伦。

13-1 说出/比划出《莫高窟》借助哪些事物赞扬古代劳动人民的智慧

14-1 在提示下说出/比划出《莫高窟》借助哪些事物赞扬古代劳动人民的智慧

示例：课文第2自然段，作者借助对彩塑的描写赞扬了古代劳动人民的智慧。

提问：课文第3、4自然段分别借助了什么事物赞扬了古代劳动人民的智慧？

材料三：

15~16 文章《黄果树瀑布》

黄果树瀑布*

黄果树瀑布，真是一部大自然的杰作！

刚进入黄果树风景区，我们便听到"哗哗"的声音从远处飘来，就像是微风拂过树梢，渐近渐响；最后像潮水般涌上来，盖过了人喧马嘶，天地间只存下一片喧嚣的水声了。

透过树的缝隙，便看到一道瀑布悬挂在岩壁上，上面折为三叠，好像一匹宽幅白练正从帆布机上泻下来。那"哗哗"的水声便成了千万架织布机的大合奏。

瀑布激起的水花，如雨雾般腾空而上，随风飘飞，漫天浮游，高达数百米，落在瀑布右侧的黄果树小镇上，形成了远近闻名的"银雨洒金街"的奇景。

黄果树瀑布泻落在一片群山环抱的谷地里。我们自西面顺着台阶往下走，一直来到谷底。坐在水边一块岩石上，离

---

* 本文选自苏教版《语文》五年级上册。

那道瀑布近得很，中间只隔着一口小小的绿潭，仿佛一伸手便可以撩过来洗洗脸。瀑布泻入谷底溅起的水珠直洒到我们的脸上，凉丝丝的，舒服极了。

黄果树瀑布虽不如庐山瀑布那样长，但远比它宽，所以显得气势非凡，雄伟壮观。瀑布从岩壁上直泻下来，如雷声轰鸣，山回谷应。坐在下面，仿佛置身于一个圆形的乐池里。四周乐声奏鸣，人就像漂浮在一片声浪之中，每个细胞都灌满了活力。

我们久久地坐着，任凉丝丝的飞珠扑上火热的脸庞，打湿薄薄的衣衫。聆听着訇(hōng)然作响的瀑布声，只觉得胸膛在扩展，就像张开的山谷，让瀑布飞流直下，挟来大自然无限的生机。

离开潭边，我们循着石径登上溪旁的一个平台。绿树掩映间，有一座徐霞客的塑像。他遥对瀑布，仿佛在凝神谛(dì)听远处的瀑布声。他完全沉醉了。此时此刻的我们，也完全沉醉了。

15-1 说出/比划出《黄果树瀑布》中静态描写和动态描写的语句

16-1 在提示下说出/比划出《黄果树瀑布》中静态描写和动态描写的语句

下面哪一项是动态描写（　　）

A.瀑布激起的水花，如雨雾般腾空而上，随风飘飞，漫天浮游，高达数百米，落在瀑布右侧的黄果树小镇上，形成了远近闻名的"银雨洒金街"的奇景。

B.绿树掩映间，有一座徐霞客的塑像。他遥对瀑布，仿佛在凝神谛听远处的瀑布声。

材料四：

17~22 文章《厄运打不垮的信念》

厄运打不垮的信念＊

明末清初，浙江出了一位史学家谈迁。谈迁自幼刻苦好学，博览群书，尤其喜爱历史，立志要编写一部翔实可信的明史。但由于他家境贫寒，没有钱买书，只得四处借书抄写。有一次，为了抄一点史料，竟带着干粮走了一百多里路。经过20多年的奋斗，6次修改，谈迁终于在50多岁时完成了一部400多万字的明朝编年史——《国榷(què)》。

面对这部可以流传千古的鸿篇巨制，谈迁心中的喜悦可想而知。可是，就在书稿即将付印前发生了一件意想不到的事情。一天夜里，小偷溜进他家，见家徒四壁，无物可偷，以为锁在竹箱里的《国榷》原稿是值钱的财物，就把整个竹箱偷走了。从此，这部珍贵的书稿就下落不明。20多年的心血转眼之间化为乌有，这对任何人来说都是致命的打击，更

＊ 本文选自苏教版《语文》五年级上册。

何况此时的谈迁已经是体弱多病的老人了。他茶饭不思，夜难安寝，只有两行热泪在不停流淌。很多人以为他再也站不起来了，但厄运并没有打垮谈迁，他很快从痛苦中挣脱出来，又回到了书桌旁，下决心从头撰写这部史书。

经过4年的努力，他完成了新书的初稿。为了使这部书更加完备、准确，59岁的谈迁携带着书稿，特地到了都城北京。在北京的那段时间，他四处寻访，广泛搜集前朝的逸闻，并亲自到郊外去考察历史的遗迹。他一袭破衫，终日奔波在扑面而来的风沙中。面对孤灯，他不顾年老体弱，奋笔疾书，他知道生命留给自己的时间已经不多。又经过了几年的奋斗，一部新的《国榷》诞生了。新写的《国榷》共104卷，428万4千字，内容比原先的那部更加翔实、精彩，是一部不可多得的明史巨著。谈迁也因此名垂青史。

在漫长的人生旅途中，难免有崎岖和坎坷，但只要有厄运打不垮的信念，希望之光就会驱散绝望之云。

17-1/18-1 说出/比划出《厄运打不垮的信念》的内容要点

第一段 _____

第二段 _____

第三段 _____

第四段 _____

19-1 创造性地复述《厄运打不垮的信念》

20-1 在提示下创造性地复述《厄运打不垮的信念》

　　提示1：可以把自己设想成故事中的人物；

　　提示2：也可以大胆想象，为故事增加合理的情节；

　　提示3：还可以变换情节的顺序，先讲故事中最不可思议的地方，设置一些悬念吸引听众。

21-1 默读《厄运打不垮的信念》第1自然段中划线的句子，说出/比划出你体会到谈迁怎样的精神？

　　明末清初，浙江出了一位史学家谈迁。谈迁自幼刻苦好学，博览群书，尤其喜爱历史，立志要编写一部翔实可信的明史。但由于他家境贫寒，没有钱买书，只得四处借书抄写。<u>有一次，为了抄一点史料，竟带着干粮走了一百多里路。</u>经过20多年的奋斗，6次修改，谈迁终于在50多岁时完成了一部400多万字的明朝编年史——《国榷（què）》。

22-1 默读《厄运打不垮的信念》第1自然段中划线的句子，在提示下说出/比划出你体会到谈迁怎样的精神？

　　提示：走很远很远的路，就为了抄一点史料，是不是很辛苦？

材料五：

23-25 诗文《蝉》《乞巧》《示儿》《题临安邸》《己亥杂诗》《山居秋暝》《枫桥夜泊》《长相思》《渔歌子》《观书有感》

蝉

[唐]虞世南

垂绥饮清露，流响出疏桐。

居高声自远，非是藉秋风。

乞巧

[唐]林杰

七夕今宵看碧霄，牵牛织女渡河桥。

家家乞巧望秋月，穿尽红丝几万条。

示儿

[宋]陆游

死去元知万事空，但悲不见九州同。

王师北定中原日，家祭无忘告乃翁。

题临安邸

［宋］林升

山外青山楼外楼，西湖歌舞几时休？

暖风熏得游人醉，直把杭州作汴州。

己亥杂诗

［清］龚自珍

九州生气恃风雷，万马齐喑究可哀。

我劝天公重抖擞，不拘一格降人材。

山居秋暝

［唐］王维

空山新雨后，天气晚来秋。明月松间照，清泉石上流。

竹喧归浣女，莲动下渔舟。随意春芳歇，王孙自可留。

枫桥夜泊

［唐］张继

月落乌啼霜满天，江枫渔火对愁眠。

姑苏城外寒山寺，夜半钟声到客船。

长相思

［清］纳兰性德

山一程，水一程，身向榆关那畔行，夜深千帐灯。

风一更，雪一更，聒碎乡心梦不成，故园无此声。

渔歌子

［唐］张志和

西塞山前白鹭飞，桃花流水鳜鱼肥。

青箬笠，绿蓑衣，斜风细雨不须归。

观书有感

〔宋〕朱熹

其一

半亩方塘一鉴开,天光云影共徘徊。

问渠那得清如许?为有源头活水来。

其二

昨夜江边春水生,蒙冲巨舰一毛轻。

向来枉费推移力,此日中流自在行。

材料六：

26 在提示下说出/比划出古诗《示儿》表达的感情

示儿①

［宋］陆游

死去元②知万事空，

但悲不见九州③同。

王师④北定中原日，

家祭无忘告乃(nǎi)翁⑤。

①〔示儿〕给儿子看。这首诗是陆游临终前写给儿子的。
②〔元〕同"原"，本来。
③〔九州〕中国古代曾分为九个州，这里代指全国。
④〔王师〕指南宋朝廷的军队。
⑤〔乃翁〕你们的父亲。

口语交际领域

材料一：

1-1/2-1/3-1/4-1/15-1/16-1

制定校园文明公约

优雅的礼仪、文明的举止、优秀的品格和高尚的情操是学生不可缺少的重要道德素质。制定校园文明公约，可以共同维护校园的整洁和美丽，展现学校良好的精神风貌。

◇提出校园文明建设的目标。

◇分组讨论，形成小组意见。

◇全班表决，形成公约。

材料二：

5-1/6-1

老师之爱

"春蚕到死丝方尽，蜡炬成灰泪始干。"从我们进入校园学习的那天起，老师就倾注了他们无私的爱。但老师们表达爱的方式不尽相同。

◇琪琪这次考试考得不理想，心里很难受，张老师对琪琪说："没关系的，我相信你下次一定能考出理想的成绩。"

◇小敏语文课上默写生词错的很多。午休，李老师请小敏到办公室，让小敏把错误的生词又抄写了几遍。

你怎么看待以上事例中老师的做法？在学校中遇到类似的事情时，你是怎么想的，又是怎么做的？和同学交流。

材料三：

7-1/8-1/13-1/14-1

我最喜欢的动物形象

阅读文学书籍或观看影视作品时，我们常常会被其中的一些动物吸引或感动。这些动物个性鲜明、充满魅力，让人由衷地欣赏和喜爱。

举办一次"我最喜欢的动物形象"交流会，将自己喜欢的文学或影视作品中的动物介绍给大家。

交流之前，搜集并整理你最喜欢的动物形象的相关信息。

交流时要利用好自己整理的信息，有条理地讲述。说清楚你喜欢的动物是谁，出自哪部文学或影视作品，你为什么喜欢这个动物。

可以先小组交流，再全班交流，看看谁介绍的动物形象让人印象深刻。

材料四：

9-1/10-1/11-1/12-1

讲神话故事

中国神话故事是中国古代人经过长期的社会实践，在劳动生活的过程中创造出来的一种文学样式，深受人们的喜爱。除了《大禹治水》《后羿射日》，你还知道哪些神话故事？我们来开个神话故事会吧。

要想把故事讲得生动、有吸引力，你可以试试下面的方法。

◇ 丰富故事的细节。

◇ 配上相应的动作和表情，让听众有身临其境的感觉。

和同学轮流讲神话故事，看看谁讲得生动、吸引人。

习作领域

材料一：

1-1/2-1 写一个自己熟悉的事物

我们从作家琦君笔下的桂花、冯骥才眼中的珍珠鸟……领略到了平凡事物的美好。请选择一个你熟悉的事物，可以是一朵花、一棵树、一只小猫、一个手办娃娃……写出你对它的感受。题目自拟。

材料二：

3-1/4-1 写一种家用电器

　　智能学习机、扫地机器人、AI智能音箱、电动牙刷……各种各样现代化的小家电正在悄悄地改变着我们的生活。选择一种你熟悉的家用电器介绍给大家。题目自拟。

　　注意：1.可以搜集相关资料，进一步了解家用电器。2.要写清楚事物的主要特点。3.试着用上恰当的说明方法。4.可以分段介绍事物的各个方面。

材料三：

5-1/6-1 "漫画"同学

你喜欢看漫画吗？生活中每个人的特点都可以用"漫画"的形式表现出来。现在我们就用夸张的手法，通过具体的事例来"漫画"一个同学吧！

写完后可以读给你写的同学听，问问他（她）对你的习作有什么意见或建议。

材料四：

7-1/8-1 写一种景物

美丽的大自然，是一道风景。春天莺歌燕舞，夏天电闪雷鸣，秋天雁过留声，冬天大雪纷飞，一年四季各有风采。请你任意选取四季中喜欢的一种景物写下来，题目自拟。

注意：1.按照一定的顺序描写景物。2.要写出景物的动态变化。

材料五：

9-1/10-1 缩写一个故事

你听过民间故事《冬不拉》吗？请你读一读这个故事，读完后把它缩写成一个简短的故事，分享给你的小伙伴。

缩写完成后，与原文比较一下，看看故事是否完整，情节是否连贯，语句是否通顺。

冬不拉

相传很久以前，哈萨克族人在一片大森林边上过着游牧生活。森林里有一只身躯庞大、性情凶恶的瞎熊，经常出没在草原上，伤害人和牲畜，让人们的生活不得安宁。

国王几次派出猎人去伏击这只瞎熊，却都没有成功，许多猎人还被这只瞎熊咬死了。国王心急如焚，却又一筹莫展。他的儿子冬不拉看见了，就问国王为什么整天愁眉不展。国王把事情的原委告诉了儿子。冬不拉一听，就自告奋勇去除掉这只瞎熊。

国王虽然知道儿子既机智又勇敢，力气也很大，但这只瞎熊太凶残狡猾了，他不愿意让儿子去冒这个风险，所以说什么都不答应。

第二天一早，仆人禀(bǐng)告国王，说王子不见了。国王知道儿子已经去找那只瞎熊了，十分担心，连忙派人去瞎熊出没的地方寻找王子。

王子带着弓箭和捕兽夹，骑着骏马，翻过一座座高山，涉过一道道河流，穿过一片片树林，终于在一条通往夏季牧场的小道上，发现了瞎熊的足迹。他细心地将捕兽夹安置在瞎熊的必经之路上，又巧妙地进行了伪装，然后在旁边的树丛中隐蔽起来。

过了一段时间，那只凶恶的瞎熊出现了。只见它顺着熟悉的道路敏捷地走来，走到离捕兽夹十多步远的地方，突然站住了。它用鼻子在地上仔细地嗅着，走走停停，停停走走，一直走到放捕兽夹的地方，用前爪小心翼翼地将伪装拨去，又将捕兽夹周围的土轻轻扒开，然后找来一根大树枝朝捕兽夹乱捅。捕兽夹受到触动，砰的一声夹住了树枝。瞎熊把捕兽夹和树枝放到一块大石头上，举起另外一块石头猛砸。

王子在隐蔽处拉满了弓，射出一支利箭，正中瞎熊的脖颈。瞎熊大吼一声，扔下石头，朝着箭飞来的方向扑来。王子又射出一只利箭，正中瞎熊的前胸。这时，瞎熊已经发现了王子。王子抽出第三只箭，正要射向瞎熊，却来不及了。瞎熊已经蹿到他面前，向他扑了过来。王子见状，急忙拔出匕首。瞎熊巨大的熊掌击向王子，王子的匕首也捅向了瞎熊……

国王派出的人四下寻找，过了好几天，也没有得到王子的任何音信。国王整天坐卧不宁，愁得连头发和胡子都白了。

最后他发布告示说："凡是将王子活着找回来的，赏赐骏马百匹，羊千只；凡是知其下落不告者，砍去双足……"

牧民们三五成群地出去寻找，终于在密林深处的一条小道上发现了王子和瞎熊扭在一起的尸体。大家把瞎熊剁成肉酱，将王子安葬在向阳的山坡上。

可是，怎么把这个坏消息告诉盼望王子平安归来的国王呢？大家_{míng}冥思苦想，一直没有好办法。

最后，一个叫阿肯的老牧民自告奋勇地去见国王。到了王宫，国王焦急地问阿肯："你知道王子的下落吗？"

"国王陛下，它知道王子的下落，让它告诉你吧！"阿肯说着拿出一件松木做成的乐器。

"它知道？"国王看着这件乐器，疑惑不解地问。

阿肯没有再说话，坐在地上，轻轻拨动琴弦，动人的琴声如同在讲述一个凄凉而悲壮的故事：

琴声一开始雄浑激昂，如同英雄视死如归，要上战场；一会儿低回婉转，像是在述说危机到来，战斗即将爆发；一会儿音韵铿锵，好像宣告战斗已经爆发；一会儿又如泣如诉，好像在诉说一个悲剧的结局和人们对英雄的依恋和怀念……

国王听着琴声，明白了事情的经过，不禁泪如雨下。琴声停了，国王仍然沉浸在悲痛之中。过了很久，国王从悲痛中清醒过来。儿子虽然牺牲了，但儿子的英勇，人民对儿子的怀念让他感到了莫大的安慰，他重赏了阿肯。

从此，哈萨克族有了这种弹拨乐器。为了纪念王子，牧民们就用王子的名字给这种乐器命名，叫"冬不拉"，并把使用这种乐器的艺人或歌手叫做"阿肯"。

材料六：

11-1/12-1 写一写心里话

在你成长的过程中，一定遇到过关心帮助过你的人，也许是谆谆教导你的老师，也许是真诚陪伴你的朋友，也许是无私帮助你的陌生人……你想对他们说些什么呢？选择其中的一个人，把你的心里话写成一封信告诉他（她）吧。

材料七：

13-1/14-1 推荐一部影视作品

你喜欢观看电影或电视剧吗？如果让你给同学推荐一部影视作品，你想推荐哪一部呢？请以"向你推荐_____"为题，写一篇作文。

注意：1.先编写习作提纲，梳理推荐理由。2.要写出影视作品内容的简介及你认为值得向别人推荐的理由。

语文·五年级
（下册）

编写人员：

张 华　彭益珍　张 琳　顾 静　王淑琴　唐宁宁
赵 莉　钱正慧

绘图：

张劲松

学　　校：_____　　年　　级：_____
姓　　名：_____　　出生日期：_____
评 估 者：_____　　评估时间：_____

评估标准：

　　3分：独立完成单一知识/技能；或独立完成多重知识/技能100%。

　　2分：独立完成或在单一支持下完成多重知识/技能60%及以上；或在单一支持下完成单一知识/技能。

　　1分：独立完成或在多重支持下完成多重知识/技能20%~60%以内；或在多重支持下完成单一知识/技能。

　　0分：独立完成或在多重支持下完成多重知识/技能20%以下；或在多重支持下无法完成单一知识/技能。

识字与写字领域

材料一：

1-1 常用汉字

蚱 1	樱 2	蚌 3	篝 4	腮 5	码 6	绢 7	弩 8	碟 9	锤 10	芝 11	獐 12	猕 13	屉 14	钗 15
垫 16	绷 17	镯 18	裆 19	企 20	腕 21	疤 22	桅 23	拇 24	弦 25	纽 26	啃 27	割 28	挠 29	扳 30
龇 31	瞄 32	撕 33	拧 34	昼 35	耘 36	稚 37	漪 38	倭 39	拴 40	逛 41	徘 42	徊 43	渺 44	萌 45
澄 46	澈 47	旖 48	旎 49	瑞 50	莱 51	垠 52	顷 53	峨 54	缀 55	葬 56	虬 57	玷 58	郑 59	秉 60
飕 61	撩 62	侨 63	眷 64	瑜 65	忌 66	督 67	幔 68	寨 69	擂 70	呐 71	丞 72	倚 73	箸 74	斤 75
俺 76	擒 77	勿 78	肋 79	跟 80	跄 81	胯 82	霹 83	雳 84	咆 85	哮 86	遂 87	迸 88	涧 89	猿 90
挈 91	瞑 92	窍 93	楷 94	镌 95	岁 96	嫣 97	讳 98	晦 99	墩 100	雯 101	袭 102	豁 103	仞 104	岳 105
蓟 106	涕 107	襄 108	彭 109	拟 110	谋 111	赴 112	殊 113	跨 114	蹰 115	黯 116	革 117	沃 118	匪 119	衷 120
堪 121	筹 122	矜 123	俘 124	彼 125	褂 126	坞 127	绊 128	揪 129	铸 130	颧 131	侄 132	痰 133	揩 134	浆 135
傅 136	袄 137	蘸 138	圣 139	馅 140	诈 141	怔 142	策 143	荐 144	肆 145	唬 146	咧 147	尼 148	艄 149	翘 150

姆 151	祷 152	雇 153	毡 154	犊 155	眺 156	膘 157	驰 158	爵 159	噜 160	吆 161	畜 162	译 163	愧 164	熠 165
遢 166	黏 167	刃 168	埃 169	滥 170	淤 171	湛 172	诣 173	禽 174	揿 175	搔 176	窈 177	窕 178	秽 179	轧 180
仓 181	庸 182	憎 183	胚 184	祸 185	患 186	赋 187	痴 188	绞 189	伊 190	娜 191	窨 192	啰 193	嘟 194	嘎 195
耶 196	哞 197	吾 198	弗 199	嘿 200										

材料二：

2-1 词语和图片

蚱 1	樱 2	蚌 3
mà zha 蚂蚱	yīng táo 樱桃	hé bàng 河蚌
篝 4	腮 5	码 6
gōu huǒ 篝火	sāi bāng 腮帮	mǎ tóu 码头
绢 7	弩 8	碟 9
shǒu juàn 手绢	nǔ 弩	dié zi 碟子
锤 10	芝 11	獐 12
chuí zi 锤子	zhī ma 芝麻	zhāng zi 獐子

猕 13  mí hóu 猕猴	屉 14  chōu tì 抽屉	钗 15  fā chāi 发钗
垫 16  diàn zi 垫子	绷 17 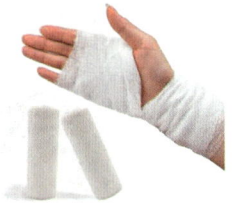 bēng dài 绷带	镯 18  shǒu zhuó 手镯
裆 19  kù dāng 裤裆	企 20  qǐ é 企鹅	腕 21  bān shǒu wàn 扳手腕
疤 22 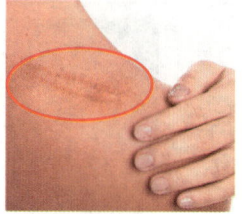 bā hén 疤痕	桅 23  wéi gān 桅杆	拇 24 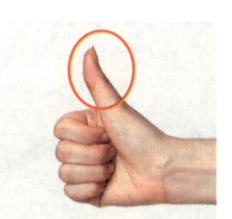 dà mǔ zhǐ 大拇指

弦 25	纽 26	
qín xián 琴 弦	niǔ kòu 纽 扣	

材料三：

2-2 动作和词语

啃 kěn gǔ tou 啃骨头 27	割 gē cǎo 割草 28	挠 náo yǎng 挠痒 29
扳 bān shǒu wàn 扳手腕 30	龇 zī yá 龇牙 31	瞄 miáo zhǔn 瞄准 32
撕 sī kāi 撕开 33	拧 nǐng luó sī 拧螺丝 34	

材料四：

2-3 汉字

昼35	耘36	倭39	拴40	徊43	渺44	澈47	漪48
稚37	漪38	逛41	徘42	萌45	澄46	旖49	瑞50
莱51	垠52	缀55	葬56	郑59	秉60	侨63	眷64
顷53	峨54	虬57	玷58	飕61	撩62	瑜65	忌66
督67	幔68	呐71	丞72	斤75	俺76	肋79	跟80
寨69	擂70	倚73	箸74	擒77	勿78	跄81	胯82
霹83	雳84	遂87	逛88	挈91	瞑92	镌95	岁96
咆85	哮86	涧89	猿90	窍93	楷94	嫣97	讳98
晦99	墩100	豁103	仞104	涕107	襄108	谋111	赴112
雯101	袭102	岳105	蓟106	彭109	拟110	殊113	踌114
蹰115	黯116	匪119	衷120	矜123	俘124	坞127	绊128
革117	沃118	堪121	筹122	彼125	褂126	揪129	铸130

颧 131	侄 132	浆 135	傅 136	圣 139	馅 140	策 143	荐 144
痰 133	揩 134	袱 137	蘸 138	诈 141	怔 142	肆 145	唬 146
咧 147	尼 148	姆 151	祷 152	犊 155	眺 156	爵 159	噜 160
艄 149	翘 150	雇 153	毡 154	膘 157	驰 158	吆 161	畜 162
译 163	愧 164	黏 167	刃 168	淤 171	湛 172	揿 175	搔 176
熠 165	遐 166	埃 169	滥 170	诣 173	禽 174	窈 177	窕 178
秽 179	轧 180	憎 183	胚 184	赋 187	痴 188	娜 191	窨 192
仓 181	庸 182	祸 185	患 186	绞 189	伊 190	啰 193	嘟 194
嘎 195	耶 196	弗 199	嘿 200				
哞 197	吾 198						

材料五：

3-1 常用字词和多音字

1. 常用字词

蚱	樱	蚌	篝	腮	码	绢	弩	碟	锤	芝	獐	猕	屉	钗
1	2	3	4	5	6	7	8	9	10	11	12	13	14	15
垫	绷	镯	裆	企	腕	疤	桅	拇	弦	纽	啃	割	挠	扳
16	17	18	19	20	21	22	23	24	25	26	27	28	29	30
龇	瞄	撕	拧	昼	耘	稚	漪	倭	拴	逛	徘	徊	渺	萌
31	32	33	34	35	36	37	38	39	40	41	42	43	44	45
澄	澈	旖	旎	瑞	莱	垠	顷	峨	缀	葬	虬	玷	郑	秉
46	47	48	49	50	51	52	53	54	55	56	57	58	59	60
飓	撩	侨	眷	瑜	忌	督	幔	寨	擂	呐	丞	倚	箸	斤
61	62	63	64	65	66	67	68	69	70	71	72	73	74	75
俺	擒	勿	肋	跟	跪	胯	霹	雳	咆	哮	遂	迸	涧	猿
76	77	78	79	80	81	82	83	84	85	86	87	88	89	90
挈	瞑	窍	楷	镌	岁	嫣	讳	晦	墩	雯	袭	豁	仞	岳
91	92	93	94	95	96	97	98	99	100	101	102	103	104	105
蓟	涕	襄	彭	拟	谋	赴	殊	踌	躇	黯	革	沃	匪	衷
106	107	108	109	110	111	112	113	114	115	116	117	118	119	120
堪	筹	矜	俘	彼	褂	坞	绊	揪	铸	颧	侄	痰	揩	浆
121	122	123	124	125	126	127	128	129	130	131	132	133	134	135
傅	袄	蘸	圣	馅	诈	怔	策	荐	肆	唬	咧	尼	艄	翘
136	137	138	139	140	141	142	143	144	145	146	147	148	149	150

姆 151	祷 152	雇 153	毡 154	犊 155	眺 156	膘 157	驰 158	爵 159	噜 160	吆 161	畜 162	译 163	愧 164	熠 165
遐 166	黏 167	刃 168	埃 169	滥 170	淤 171	湛 172	诣 173	禽 174	撅 175	搔 176	窈 177	窕 178	秽 179	轧 180
仓 181	庸 182	憎 183	胚 184	祸 185	患 186	赋 187	痴 188	绞 189	伊 190	娜 191	窖 192	啰 193	嘟 194	嘎 195
耶 196														

2.多音字

供	燕	绰	呵	泊	哗
喇	裳	吓	监	夫	

材料六：

4-1 生字

啃	割	挠	扳	龇	瞄	撕	拧
27	28	29	30	31	32	33	34

材料七：

4-2 常用字词和多音字

1. 常用字词

蚱 1	樱 2	篝 4	腮 5	码 6	绢 7	芝 11	猕 13	垫 16	绷 17	镯 18	裆 19	企 20	桅 23	拇 24
纽 26	昼 35	耘 36	稚 37	漪 38	倭 39	拴 40	逛 41	徘 42	徊 43	渺 44	萌 45	澄 46	澈 47	旖 48
旎 49	瑞 50	莱 51	垠 52	顷 53	峨 54	缀 55	葬 56	虬 57	玷 58	郑 59	秉 60	飕 61	撩 62	侨 63
眷 64	瑜 65	忌 66	督 67	幔 68	寨 69	擂 70	呐 71	丞 72	倚 73	箸 74	斤 75	俺 76	擒 77	勿 78
肋 79	跟 80	跄 81	胯 82	霹 83	雳 84	咆 85	哮 86	遂 87	迸 88	涧 89	猿 90	挚 91	瞑 92	窍 93
楷 94	镌 95	岁 96	嫣 97	讳 98	晦 99	墩 100	雯 101	袭 102	豁 103	仞 104	岳 105	蓟 106	涕 107	襄 108
彭 109	拟 110	谋 111	赴 112	殊 113	蹄 114	蹯 115	黯 116	革 117	沃 118	匪 119	衷 120	堪 121	筹 122	矜 123
俘 124	彼 125	褂 126	坞 127	绊 128	揪 129	铸 130	颧 131	侄 132	瘀 133	揩 134	浆 135	傅 136	袱 137	蘸 138
圣 139	馅 140	诈 141	怔 142	策 143	荐 144	肆 145	唬 146	咧 147	尼 148	艄 149	翘 150	姆 151	祷 152	雇 153
毡 154	狭 155	眺 156	膘 157	驰 158	爵 159	噜 160	吆 161	畜 162	译 163	愧 164	熠 165	遐 166	黏 167	刃 168

埃	滥	淤	湛	诣	禽	揿	搔	窈	窕	秽	轧	仓	庸	憎
169	170	171	172	173	174	175	176	177	178	179	180	181	182	183
胚	祸	患	赋	痴	绞	伊	娜	窘	啰	嘟	嘎	耶		
184	185	186	187	188	189	190	191	192	193	194	195	196		

2. 多音字

农夫

夫不可陷之盾与无不陷之矛

乐呵

武松见了，叫声："呵呀！"

列为呵，"人而无信，不知其可"。

材料八：

4-3 字和图片

材料九：

7-1 书写听到的汉字

材料十：

8-1 仿写汉字

昼		耘		桑		晓		蝴	
蚂		蚱		嗡		樱		拔	
瞎		铲		锄		割		尾	
承		拴		瓢		逛		妒	
忌		曹		督		委		鲁	
遮		寨		擂		呐		插	
冈		饥		碟		斤		俺	
榜		杖		申		兼		勿	
拖		悉		坠		膛		截	
仞		岳		摩		遗		涕	

巫		彭		拟		谋		瑞	
损		锻		炼		眷		赴	
搞		殊		尊		签		革	
庆		诊		沃		龄		匪	
绷		审		剂		施		吭	
崭		衷		慈		祥		荣	
跤		搂		仗		鞭		欺	
挠		扳		腕		剃		腮	
疤		监		侄		喉		咙	
浆		傅		袱		桶		障	

芝		圣		犯		馅		轰	
堪		诈		傻		捏		怔	
矛		盾		誉		吾		赢	
拳		擦		策		荐		艘	
航		肆		帽		桅		撕	
逗		唬		钩		扭		咧	
舱		鸥		瞄		尼		斯	
艇		纵		艄		翘		垫	
帘		姆		祷		雇		簇	
哗		码		笼		仪		眺	

骏		驰		辽		绵		凳	
吆		铛		罐		恢		踢	
牲		畜		梁		诣		禽	
拇		搔		痒		秽		轧	
拧		螺		纽		扣		貌	
仓		渺		享		庸		憎	

材料十一：

9-1 描写汉字

昼	耘	桑	晓	蝴	蚂	蚱	嗡	樱	拔
瞎	铲	锄	割	尾	承	拴	瓢	逛	妒
忌	曹	督	委	鲁	遮	寨	擂	呐	插
冈	饥	碟	斤	俺	榜	杖	申	兼	勿
拖	悉	坠	膛	截	仞	岳	摩	遗	涕
巫	彭	拟	谋	瑞	损	锻	炼	眷	赴
搞	殊	尊	签	革	庆	诊	沃	龄	匪
绷	审	剂	施	吭	崭	衷	慈	祥	荣
咬	搂	仗	鞭	欺	挠	扳	腕	剃	腮
疤	监	侄	喉	咙	浆	傅	袱	桶	障

芝	圣	犯	馅	轰	堪	诈	傻	捏	忸
矛	盾	誉	吾	赢	拳	擦	策	荐	艘
航	肆	帽	桅	撕	逗	唬	钩	扭	咧
舱	鸥	瞄	尼	斯	艇	纵	艄	翘	垫
帘	姆	祷	雇	簇	哗	码	笼	仪	眺
骏	驰	辽	绵	凳	吆	铛	罐	恢	踢
牲	畜	梁	诣	禽	拇	搔	痒	秽	轧
拧	螺	纽	扣	貌	仓	渺	享	庸	憎

材料十二：

11-1 书写一段话

书写要求：

1.标题和作者要写在醒目的位置。

2.段落要分明。

草原

吴珹

春姑娘编了一幅绿色的大地毯，上面还织着许多美丽的小花。

牛羊，在地毯上打滚。

马儿，踩着花儿奔向远方……

在这神话般的世界里，我向明亮的天边走去。

那空中的云雀，仿佛也在吹着牧笛，把羊群似的白云，赶到我的身边。

材料十三：

12-1 说出"颜体"书法作品特点

13-1 用毛笔临摹书法作品

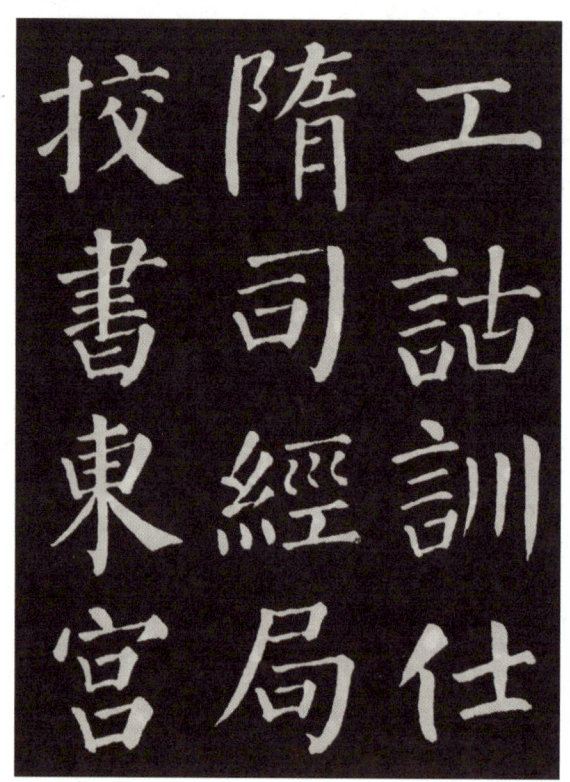

阅读领域

材料一：

1~6、15~16 文章《司马迁发奋写〈史记〉》第3自然段、《火星——地球的"孪生兄弟"》第3自然段

司马迁发奋写《史记》（第3自然段）

正当他专心致志写作《史记》的时候，一场飞来横祸突然降临到他的头上。原来，司马迁因为替一位将军辩护，得罪了汉武帝，入狱受了酷刑。司马迁悲愤交加，几次想血溅墙头，了此残生，但想到《史记》还没有完成，便打消了这个念头。他想："人总是要死的，有的重于泰山，有的轻于鸿毛。我如果就这样死了，不是比鸿毛还轻吗？我一定要活下去！我一定要写完这部史书！"想到这里，他尽力克制自己，把个人的耻辱、痛苦全都埋在心底。重又摊开光洁平滑的竹简，在上面写下一行行工整的隶字。

火星——地球的"孪生兄弟"（第3自然段）

　　最初，这兄弟俩都没有水，没有生命，不但荒凉寂寞，还经常遭到彗(huì)星和陨石突如其来的袭击。当时，太阳系内有无数大大小小的碎片四处游荡，彼此碰撞是家常便饭。

15-1 读《司马迁发奋写〈史记〉》第3自然段，说出/比划司马迁的思维过程

16-1 读《司马迁发奋写〈史记〉》第3自然段，在提示下说出/比划司马迁的思维过程

　　提示：受到酷刑后想一死了之——（　　　　　）——（　　　　　）

材料二：

7~14、23~24 文章《火星——地球的"孪生兄弟"》

火星——地球的"孪生兄弟"*

40多亿年前，火星与地球逐渐形成了。这兄弟俩长得太像了——同样有南极、北极，同样有高山、峡谷，同样有白云、尘暴和龙卷风，同样是四季分明，甚至连一天的时间都差不多。难怪，人们把地球和火星称为太阳系中的"孪(luán)生兄弟"，并由此推测，火星也和地球一样有水和生命存在。

科学家研究分析了火星的照片资料，发现火星上有干涸的河床，有的河床宽达几十千米，远胜过今天地球上的亚马孙河。2004年3月以后，人类通过对火星岩石的钻孔分析，进一步证实了火星上曾经有水的推断。那么，火星上的水是从哪里来的呢？

最初，这兄弟俩都没有水，没有生命，不但荒凉寂寞，还经常遭到彗(huì)星和陨石突如其来的袭击。当时，太阳系内有

---

* 本文选自苏教版《语文》五年级下册。

无数大大小小的碎片四处游荡，彼此碰撞是家常便饭。

陨石的水分比较少，而彗星本身大多是些大冰块，含有丰富的水。也许是持续了数亿年的彗星和陨石风暴，给兄弟俩送去了最初的水。

与地球一样，火星上的水可能还有另外一种来源。在兄弟俩诞生之初，水的成分就已经潜藏在一些矿物中了。当火山爆发时，这些矿物便分离出水，随着熔岩释放出来。其中大部分以蒸气状态飘散在空中，一部分随后变成雨水落下来，形成了湖泊和海洋。从宇宙飞船拍摄的火星照片看，上面有数以百计的干涸的河床和峡谷，河床上布满了洪水冲刷的痕迹。看着这些照片，我们仿佛可以听到当年火星上洪水的咆哮。

火星的环境与地球相似。地球上的水不但能留下来，而且孕育出了生命；火星上的水原本可能比地球上的还多，为什么没能留住呢？

火星本身的致命缺陷导致了这个结果。火星比地球小得多，对物体的吸引力也小得多，所以气体脱离火星就不需要太快的速度。在太阳的照射下，火星表面的水蒸发成气体，这些气体很快就取得了足够的热量，达到能够脱离火星的速度而一去不复返。持续不断的火星气体集体大逃亡，使得火星表面的液态水难以长时间存在。这样，虽然彗星和陨石能给火星带来大量的水，但很快被火星气体裹挟着逃向太空了。

水是生命的源泉，看来在火星表面找到生命的希望已十分渺茫。然而，科学家推测，火星地标下面仍然可能有水，只要有适当的温度，就可能孕育出生命来。如果地表下真的有生命，它们是什么模样，是怎样生存的，这仍然是一个谜。

7-1 浏览《火星——地球的"孪生兄弟"》第1自然段，说出/比划出搜集到的信息

8-1 浏览《火星——地球的"孪生兄弟"》第1自然段，在提示下说出/比划出搜集到的信息

提示：第1自然段中介绍了地球和火星的哪些相似之处？

9-1 读《火星——地球的"孪生兄弟"》第1自然段，根据推测说出/比划出"孪生兄弟"在文中的意思

10-1 读《火星——地球的"孪生兄弟"》第1自然段，在提示下，根据推测说出/比划出"孪生兄弟"在文中的意思

  提示："孪生兄弟"在生活中指双胞胎，长得一模一样的兄弟俩。

11-1 读《火星——地球的"孪生兄弟"》第3自然段，根据推测说出/比划出"彼此碰撞是家常便饭"的意思

12-1 读《火星——地球的"孪生兄弟"》第3自然段，在提示下，根据推测说出/比划出"彼此碰撞是家常便饭"的意思

  提示："家常便饭"就是指经常发生的事情

13-1 说出/比划出《火星——地球的"孪生兄弟"》中较风趣的语句

14-1 在提示下说出/比划出《火星——地球的"孪生兄弟"》中较风趣的语句

提示：第1自然段中用了一个风趣的词语来比喻火星和地球非常相像，这个风趣的词语是什么？

材料三：

17~18 文章《灰椋鸟》

灰椋鸟*

　　早就听说林场的灰椋鸟多。我想，灰椋鸟尖尖的嘴，灰灰的背，远远望去黑乎乎的，有什么好看的呢？可是一个偶然的机会，我看了关于灰椋鸟的电视录像，就再也忍不住了，决定亲自去看一看。

　　一天下午，我和同伴来到了林场。下了车，轻轻走进林内。棕红色的水杉落叶，给大地铺上了一层华贵的绒地毯，走在上面软绵绵的。我们选好观察位置，便在那儿等候灰椋鸟归来。

　　周围静得出奇。路两边近百亩的竹林郁郁葱葱，与南段高大的人工刺槐林形成了鲜明的对比。同伴忽然喊道："灰椋鸟！"我翘首遥望西南方向，果然有许多黑点向这边移动——灰椋鸟开始归林了。

　　一开始还是一小群一小群地飞过来，盘旋着，陆续投入

---

* 本文选自苏教版《语文》五年级下册。

刺槐林。没有几分钟,"大部队"便排空而至,老远就听到它们的叫声。它们大都是整群整群地列队飞行。有的排成数百米长的长队,有的围成一个巨大的椭圆形,一批一批,浩浩荡荡地从我们头顶飞过。先回来的鸟在林内不停地鸣叫,好像互相倾诉着一天的见闻和收获,又像在呼唤未归的同伴和儿女;后到的鸟与林中的鸟互相应和,边飞边鸣,很快找到自己栖息的处所,与熟悉的伙伴会合。

夕阳渐渐西沉,晚霞映红了天空,也映红了刺槐林和竹林。天上的鸟越来越少了,可是整个林子里的灰椋鸟还是不愿过早地安眠。看,这几只刚刚落在枝头上,那几只又马上扑棱棱地飞起。它们的羽毛全变成金红色的了,多么像穿上盛装的少女在翩翩起舞哇!树林内外,百鸟争鸣,呼朋引伴,叽叽啾(jiū)啾,似飞瀑落入深涧,如惊涛拍打岸滩,整个刺槐林和竹林成了一个天然的俱乐部。这上万只灰椋鸟是在举行盛大的联欢会,还是在庆祝自己的节日?要不怎么会这样热闹?我被这喧闹而又热烈的场面感染了,竟情不自禁地欢呼起来。

在回来的路上，我想：鸟是人类的朋友，树林是鸟的乐园。没有林场工人的辛勤劳动，没有这几年大规模的植树造林，我到哪儿去观赏这鸟儿归林的壮观场面呢？

17-1 说出/比划出静态描写和动态描写的表达效果

"它们大都是整群整群地列队飞行。有的排成数百米长的长队，有的围成一个巨大的椭圆形，一批一批，浩浩荡荡地从我们头顶飞过。"这句话有什么表达效果？

"夕阳渐渐西沉，晚霞映红了天空，也映红了刺槐林和竹林。"这句话有什么表达效果？

18-1 在提示下说出/比划出静态描写和动态描写的表达效果

提示：这两句话分别写了什么，你体会到了什么？

材料四：

19~22 文章《司马迁发奋写〈史记〉》

司马迁发奋写《史记》*

司马迁出生在黄河岸边的龙门。他从小看着波涛滚滚的黄河从龙门山下呼啸而去，听着父老乡亲们讲述古代英雄的故事，心里十分激动。父亲司马谈是汉朝专门掌管修史的官员，他立志要编写一部史书，记载从黄帝到汉武帝这3000余年间的历史。受父亲的影响，司马迁努力读书，大大充实了自己的历史知识。他还四处游历，广交朋友，积累了大量的历史资料。

司马谈临终之时，泪流满面地拉着儿子的手说："我死之后，朝廷会让你继任我的官职，你千万不要忘记我平生想要完成的史书哇！"司马迁牢记父亲的嘱托，每天忙着研读历史文献，整理父亲留下来的史料和自己早年走遍全国搜集来的资料。

---

* 本文选自苏教版《语文》五年级下册。

正当他专心致志写作《史记》的时候,一场飞来横祸突然降临到他的头上。原来,司马迁因为替一位将军辩护,得罪了汉武帝,入狱受了酷刑。司马迁悲愤交加,几次想血溅墙头,了此残生,但想到《史记》还没有完成,便打消了这个念头。他想:"人总是要死的,有的重于泰山,有的轻于鸿毛。我如果就这样死了,不是比鸿毛还轻吗?我一定要活下去!我一定要写完这部史书!"想到这里,他尽力克制自己,把个人的耻辱、痛苦全都埋在心底。重又摊开光洁平滑的竹简,在上面写下一行行工整的隶字。

就这样,司马迁发愤写作,用了整整13年时间,终于完成了一部52万余字的辉煌巨著——《史记》。这部前无古人的著作,几乎耗尽了他毕生的心血,是他用生命写成的。

19-1/20-1 说出/比划出《司马迁发奋写〈史记〉》中描写动作、语言、神态的语句

21-1 读《司马迁发奋写〈史记〉》第2自然段中司马谈说的话，说出/比划出他有怎样的想法

22-1 读《司马迁发奋写〈史记〉》第2自然段中司马谈说的话，在提示下说出/比划出他有怎样的想法

　　提示："你千万不要忘记我平生想要完成的史书哇"，这句话和第1自然段中的哪句话有联系？表现出司马谈内心有怎样的想法？

23-1/24-1 给句子填上合适的标点符号

　　这兄弟俩长得太像了——同样有南极（　）北极（　）同样有高山（　）峡谷（　）同样有白云（　）尘暴和龙卷风（　）同样是四季分明，甚至连一天的时间都差不多。

材料五：

25-27 诗文《四时田园杂兴（其三十一）》《稚子弄冰》《村晚》《游子吟》《鸟鸣涧》《从军行》《秋夜将晓出篱门迎凉有感》《闻官军收河南河北》《凉州词》《黄鹤楼送孟浩然之广陵》《乡村四月》

四时田园杂兴（其三十一）

［宋］范成大

昼出耘田夜绩麻，村庄儿女各当家。

童孙未解供耕织，也傍桑阴学种瓜。

稚子弄冰

［宋］杨万里

稚子金盆脱晓冰，彩丝穿取当银钲。

敲成玉磬穿林响，忽作玻璃碎地声。

村晚

［宋］雷震

草满池塘水满陂，山衔落日浸寒漪。

牧童归去横牛背，短笛无腔信口吹。

游子吟

［唐］孟郊

慈母手中线，游子身上衣。

临行密密缝，意恐迟迟归。

谁言寸草心，报得三春晖。

鸟鸣涧

［唐］王维

人闲桂花落，夜静春山空。

月出惊山鸟，时鸣春涧中。

从军行

［唐］王昌龄

青海长云暗雪山，孤城遥望玉门关。

黄沙百战穿金甲，不破楼兰终不还。

秋夜将晓出篱门迎凉有感

［宋］陆游

三万里河东入海，五千仞岳上摩天。

遗民泪尽胡尘里，南望王师又一年。

闻官军收河南河北

［唐］杜甫

剑外忽传收蓟北，初闻涕泪满衣裳。

却看妻子愁何在，漫卷诗书喜欲狂。

白日放歌须纵酒，青春作伴好还乡。

即从巴峡穿巫峡，便下襄阳向洛阳。

凉州词

［唐］王翰

黄河远上白云间，一片孤城万仞山。

羌笛何须怨杨柳，春风不度玉门关。

黄鹤楼送孟浩然之广陵

［唐］李白

故人西辞黄鹤楼，烟花三月下扬州。

孤帆远影碧空尽，唯见长江天际流。

乡村四月

［宋］翁卷

绿遍山原白满川，子规声里雨如烟。

乡村四月闲人少，才了蚕桑又插田。

材料六：

28-1 在提示下说出/比划出古诗《从军行》表达的感情

提示："黄沙百战穿金甲，不破楼兰终不还"的意思是守边将士身经百战，铠甲磨穿，壮志不灭，不打败进犯之敌，誓不返回家乡。

口语交际领域

材料一：

1–1/2–1/3–1/4–1

怎么表演课本剧

漫长悠久的岁月，大千世界的风景，性格迥异的人物，各具特色的故事，都可以浓缩在课本剧中。在那里，我们可以尽情展示自己，重现课文中精彩的情节。

分小组讨论怎么表演课本剧。讨论时，大家轮流做主持人，其他组员既要清楚地表达自己的想法，又要认真听取别人的意见。意见不同时，要一起协商，形成一致的看法。

各小组可以根据讨论的内容进行排练，再在班上表演。

材料二：

5-1/6-1/7-1/8-1

走进他们的童年岁月

童年是纯真、难忘的岁月，每个人都有自己的童年。你知道大人们的童年是什么样的吗？让我们走进他们的童年岁月，了解他们小时候的故事。

先想一想可以了解谁的童年，如祖父母、外祖父母、父母、邻居，再针对不同的对象，列出问题清单。

要认真、耐心地听别人讲话，一边听一边作简单的记录，不要随意打断别人，不明白的地方或感兴趣的内容可以适当追问。

交流之后，整理你的记录，和同学分享你了解到的情况和你的感受。

材料三：
9-1/10-1/11-1/12-1

我是小小讲解员

　　班级来了新同学，需要你介绍学校特色选修课程；外地亲友来南京做客，需要你介绍一下地方特色景点；暑假开始了，雨花台烈士纪念馆需要志愿讲解员……选择一个情境，做一名小小讲解员。

　　先确定好要讲解什么，再搜集相关的资料。如果有条件，可以实地看一看。根据了解到的信息列一个提纲，自己试着讲一讲。还可以做一些小卡片，标注要讲的关键信息。

　　先讲给小组成员听，听的同学提出改进意见，还可以对不明白的地方提出疑问。根据同学们的意见，改进自己的讲解。最后，小组推举代表在班上讲解。

材料四：

13-1/14-1

我们都来讲笑话

笑话给我们带来快乐，让我们都来讲笑话吧。

收集一些笑话，可以是从报纸、杂志上看到的，也可以是从别人那里听到的。准备的笑话内容要积极向上。

选择两三个你觉得好玩的笑话，给先家人讲一讲。

组织一次笑话大会，全班同学一起乐一乐。

习作领域

材料一：

1-1/2-1 写一件自己的童年趣事

童年生活是丰富多彩的，一定发生过许多给你带去美好回忆的趣事。请你以"童年趣事"为题，选择自己童年时发生的一件有趣的事情写下来，让大家和你一起分享快乐！注意要把感到有趣的情形写具体。

材料二：

3-1/4-1 写一件他（她）给自己留下印象深刻的事

一个善意的微笑，可以使人与人之间更加快乐、和谐。和蔼的微笑、爽朗的大笑、顽皮的嬉笑……相信你一定见过不少笑容。请以"他（她）对我笑了"为题写一写让你印象深刻的那次笑容。注意抓住人物当时的动作、语言、神态等进行描写。

材料三：

5-1/6-1 写一个自己想夸赞的人

题目：夸夸我的 _____

要求：1.把题目补充完整，填上你要夸的人，如：同学、老师、妈妈、邻居等。2.选取典型的事例，把事情写具体，表现出人物的特点。

材料四：

7-1/8-1 编写一个"寻宝"故事

我的"寻宝"之旅

传说在茫茫的大海中，有一座神秘的小岛，岛上藏着一张古老的藏宝图。航海技术娴熟的肖船长、知识渊博的考古学家王博士、野外生存经验丰富的高远，邀请你跟他们一起开启"寻宝"之旅。请你展开想象，把你们的"寻宝"之旅写出来。

材料五：

9-1/10-1 介绍杭州的一处世界文化遗产

　　2023年9月23日至10月8日，第19届亚洲运动会在中国杭州举行，来自亚洲各国的运动员和游客将齐聚杭州。杭州是历史文化名城，被誉为"世界遗产之城"，拥有西湖、大运河、良渚古城遗址三大世界文化遗产。如果你是一名志愿者，会如何向他们介绍这座城市呢？请你选择杭州的一处世界文化遗产，搜集资料介绍一下吧。

材料六:

11-1/12-1 看漫画,写出自己的想法

认真观察漫画,展开联想与想象,自拟题目,写一篇习作。注意要写出自己的感受、看法与思考。

材料七：

13-1/14-1 写一篇读后感

　　诸葛亮足智多谋，武松豪放勇武，孙悟空神通广大，林黛玉多愁善感……请从四大名著中找出一个你最喜欢的人物形象写一篇读后感。结合具体事例，写一写你从中得到的收获或启发。

材料八：

15-1/16-1 写一篇研究报告

　　李雪的好朋友近日配了一副近视眼镜。这时李雪才发现，不止她的好朋友，班级里很多同学都戴上了眼镜，于是她就想探究一下同学们近视的原因。请你帮助李雪完成一篇《关于青少年近视成因的研究报告》吧。

数学·五年级
（上册）

编写人员：

芮代琴　刘加芳　翁丽丽　宋晓杰　刘　婷　李月月
赵　敏　茅　成　吴振兰

学　校：_____　　年　级：_____
姓　名：_____　　出生日期：_____
评估者：_____　　评估时间：_____

评估标准：

　　3分：独立完成单一知识/技能；或独立完成多重知识/技能100%。

　　2分：独立完成或在单一支持下完成多重知识/技能60%及以上；或在单一支持下完成单一知识/技能。

　　1分：独立完成或在多重支持下完成多重知识/技能20%～60%以内；或在多重支持下完成单一知识/技能。

　　0分：独立完成或在多重支持下完成多重知识/技能20%以下；或在多重支持下无法完成单一知识/技能。

数与代数领域

材料一：

1-1/2-1/3-1 口算下面各题

（1）8角是 $\frac{(\quad)}{(\quad)}$ 元，写成小数是（　　　）元。

6分是 $\frac{(\quad)}{(\quad)}$ 元，写成小数是（　　　）元。

（2）图形都表示整数"1"，把涂色部分分别用分数和小数表示出来。

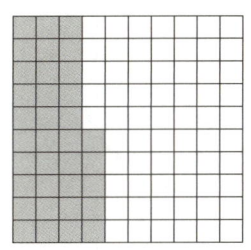 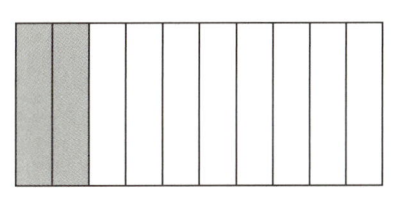 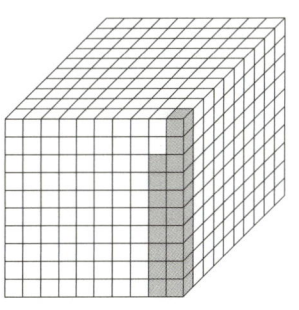

分数：_____　　分数：_____　　分数：_____

小数：_____　　小数：_____　　小数：_____

材料二：

3-1/4-1 写出下面小数的各部分名称

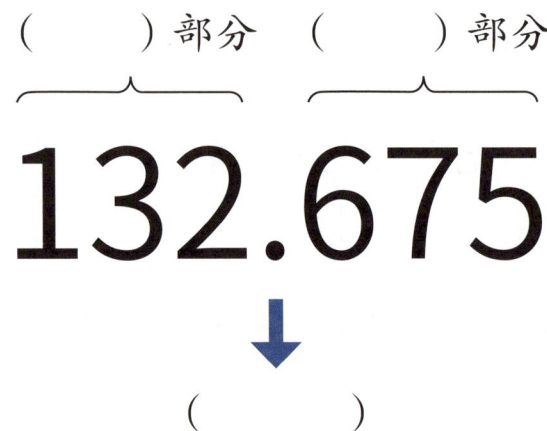

材料三：

5-1/6-1 填一填

（1）读出下列小数

12.457 读作：（　　　　　　　）

105.50 读作：（　　　　　　　）

2300.005 读作：（　　　　　　　）

（2）写出小数

华华身高是一点五五米，写作（　　　　　）米，体重二十八点五千克，写作（　　　　　）千克。

材料四：

7-1/8-1 填一填

（1）小数点右边第一位是（　　　）位，计数单位是（　　　）；

小数点右边第二位是（　　　）位，计数单位是（　　　）；

小数点右边第三位是（　　　）位，计数单位是（　　　）。

（2）8.96的9在（　　）位上，表示9个（　　　）；6在（　　）位上，表示6个（　　　）。

（3）一个数的十位、十分位和千分位上都是2，其余各位上都是3，这个数是（　　　）。

材料五：

9-1/10-1 填一填

（1）10个0.1是（　　　），10个0.01是（　　　），10个0.001是（　　　）。

（2）1个0.01等于10个（　　　），1里面有（　　　）个0.001。

材料六：

11-1/12-1 填一填

（1）化简下列小数。

0.020＝　　　　　　　　　　　0.2000＝

0.0010＝　　　　　　　　　　　6.00＝

1.560＝　　　　　　　　　　　4.300＝

12.010＝　　　　　　　　　　　100.100＝

（2）不改变大小，把下面各数改成三位小数。

9.12＝_____　　　3.8＝_____　　　9＝_____

（3）写出四个大小相等的小数。

（　　　）＝（　　　）＝（　　　）＝（　　　）

材料七：

13-1/14-1 先涂色，再比较两个小数大小

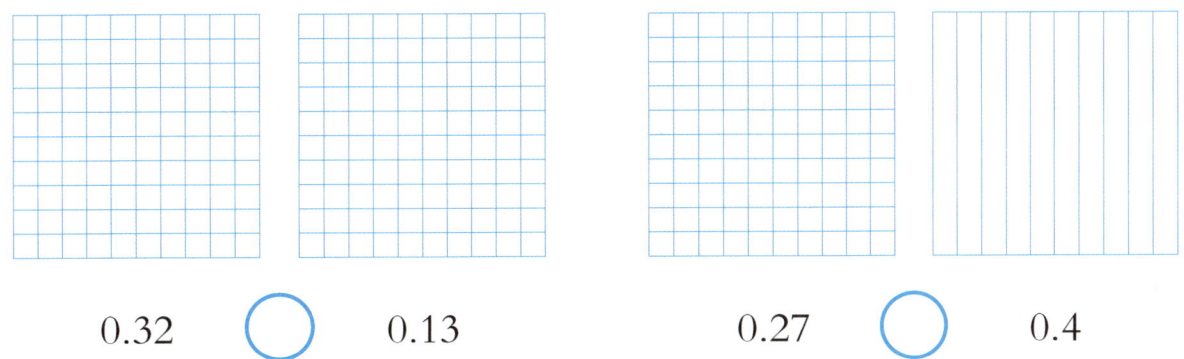

0.32 ◯ 0.13　　　0.27 ◯ 0.4

13-2/14-2 在◯里填上">"或"<"

0.66 ◯ 0.56　　　1.008 ◯ 1.01　　　6 ◯ 5.99

0.35 ◯ 0.23　　　8.040 ◯ 8.04　　　16.196 ◯ 16.792

材料八：

15-1/16-1 填一填

1. 把下列各数改写成用"万"作单位的数。

（1）江苏省在校的大学生约有 859700 人，中学生约有 4943500 人，小学生约有 5793900 人。

（　　　　）　（　　　　　　）　（　　　　　　　）

（2）我国唐朝时就出现了火药武器，距今约 1100 年。

（　　　　　）

2. 把下列各数改写成用"亿"作单位的数。

（1）中国国家图书馆藏书约有 27000000 册，居世界第五位。

（　　　　　）

（2）第七次全国人口普查显示全国现有人口 1411780000 人。

（　　　　　）

材料九：

17-1/18-1 填一填

（1）保留（　　）位小数，表示精确到十分位；保留三位小数，表示精确到（　　）位。

（2）4.998≈5.00，表示精确到（　　）位。

17-2/18-2 写出下面小数的近似数

（1）保留一位小数：3.34、6.861、1.99。

（2）精确到百分位：0.472、10.503、9.995。

材料十：

19-1/20-1 直接写得数

0.6+0.3=　　　　　5+2.4=　　　　　5.5+0.5=

4.3+0.7=　　　　　1.2+2.4=　　　　2.25+4.12=

6+3.5=　　　　　　8.2+0.8=　　　　1.8+0.4=

19-2/20-2/29-1/30-1 竖式计算，加*的验算，再说一说小数加法与整数加法运算的相同点

8.6+16.4=　　　　0.32+2.29=　　　*4.97+2.03=

材料十一：

21-1/22-1 直接写得数

0.55－0.25＝　　　　1.6－0.4＝　　　　0.82－0.42＝

3.4－3.1＝　　　　　9.2－6＝　　　　　0.73－0.23＝

0.83－0.5＝　　　　1.89－1.4＝　　　　0.95－0.14＝

21-2/22-2/29-1/30-1 竖式计算，加*的验算，再说一说小数减法与整数减法运算的相同点

7.33－6.7＝　　　　*25－5.6＝　　　　8.6－5.74＝

材料十二：

23-1/24-1 直接写得数

0.4×3＝ 8×0.9＝ 7.2×100＝

0.005×1000＝ 2×0.07＝ 0.5×8＝

100×0.18＝ 1000×2.1＝ 0.09×4＝

23-2/24-2/29-1/30-1 竖式计算，加*的验算，再说一说小数乘法与整数乘法运算的相同点。

6.35×4＝ *0.71×4.2＝ 7.2×0.84≈

（保留两位小数）

材料十三：

25-1/26-1 直接写得数

$3.6 \div 4 =$ $\qquad$ $0.75 \div 25 =$ $\qquad$ $16.5 \div 100 =$

$8.4 \div 100 =$ $\qquad$ $4 \div 80 =$ $\qquad$ $0.36 \div 6 =$

$40 \div 1000 =$ $\qquad$ $28.9 \div 1000 =$ $\qquad$ $7.2 \div 8 =$

25-2/26-2/29-1/30-1 竖式计算，加*的验算，再说一说小数除法与整数除法运算的相同点。

$25.2 \div 12 =$ $\qquad$ $*0.9 \div 0.045 =$ $\qquad$ $6.3 \div 0.32 \approx$

（保留两位小数）

材料十四：

27-1/28-1/29-1/30-1 先说出各题的运算顺序，再计算，并说一说小数四则混合运算顺序与整数四则混合运算顺序的相同点

$2.04 \div 1.7 - 0.79$ $(1.2+1.3) \div 0.25$

$3.4 \div (0.5+0.3 \times 4)$ $6.48 \div [(1.4-0.8) \times 0.9]$

27-2/28-2/29-1/30-1 用简便方法计算，并说一说小数加法、乘法运算律与整数加法、乘法运算律的相同点

$0.73 \times 0.25 \times 4$ 2.4×1.02

$0.37+1.79+0.63$ $7.6 \times 0.8 + 0.2 \times 7.6$

材料十五：

31-1/32-1 根据题意，列式解答

（1）某班进行跳高测试，章明跳了1.34米，李伟跳的高度比章明高0.13米，李伟跳了多少米？

（2）一台拖拉机上午耕地4.66公顷，下午比上午多耕地0.98公顷。这天一共耕地多少公顷？

材料十六：

33-1/34-1 根据题意，列式解答

下面是一个病人某日0—24时的体温记录。

时间	0时	4时	8时	12时	16时	20时	24时
体温/℃	38.6	38.4	37.8	38.3	39.1	38.5	37.7

（1）从20时到24时，他的体温下降多少℃？

（2）这一天中，他的最高体温和最低体温相差多少℃？

材料十七：

35-1/36-1 根据题意，列式解答

（1）一种日记本的单价是2.38元，买16个要付多少元？

（2）黄豆每千克含有蛋白质0.351千克，2.5千克黄豆含有蛋白质多少千克？

材料十八：

37-1/38-1 根据题意，列式解答

（1）张华买了30个鸡蛋，一共1.86千克。平均每个鸡蛋重多少千克？

（2）做一件短袖上衣要用布料0.65米，15.6米布料能做多少件这样的短袖上衣？

材料十九：

39-1/40-1 根据题意，列式解答

（1）一幢楼房高59米。除一楼高度是4.6米外，其余每层的高度都是3.2米。这幢楼房一共有多少层？

（2）红星超市买回来一箱雪糕，共20支，批发价每箱17.2元。如果按每支2.5元的价格零售，卖完这一箱雪糕一共能赚多少元？

（3）一间教室，如果用0.4米的正方形砖铺地，一共需要270块。如果改成用边长0.3米的正方形地砖铺地，一共需要多少块？

材料二十：

41-1/42-1 根据题意，解决实际问题

（1）一辆公交车，每隔一段相等的时间就会发车。已经知道上午6：00、6：40、7：20和8：00发过车了，那么下面哪些时间也会发车呢？

    11：00   12：40   13：40   14：00

（2）李大妈用18根1米长的木条围一个长方形的花圃，怎样围面积最大？你能先列举出长方形的长和宽，再找出面积最大的长方形吗？

材料二十一：

43-1/44-1 根据题意，解决实际问题

（1）小红、小明、小强和小华是好朋友。如果他们每两人之间通一次电话，一共要通多少次电话？如果他们相互寄一张节日贺卡，一共要寄多少张贺卡？

（2）小明和小红各位有9、3、4三张数字卡片，每人拿出1张，一共有多少种不同的拿法？

材料二十二：

45-1/46-1 填一填

（1）学校有图书4000本，又买来a本，现在一共有（　　）本。

（2）李师傅每小时生产X个零件，10小时生产（　　）个。

（3）张刚每天上学时间为2小时，若他家到学校的路程为s千米，则他上学的速度为（　　）千米/时。

（4）小红有10元钱，买钢笔用去a元，还剩下（　　）元。

材料二十三:

47-1/48-1 填一填

(1) 一个等边三角形,每边长 a 米。它的周长(　　)米。

(2) 正方形的边长为 a 分米,$4a$ 表示正方形的(　　),a^2 表示正方形的(　　)

(3) 长为 a,宽为 b 的长方形周长是(　　),面积是(　　)。

材料二十四：

49-1/50-1 解决问题

1.利民蔬菜公司运来a车蔬菜，每车装5吨，供应给菜场65吨

（1）用含有字母的式子表示剩下的吨数。

（2）当$a=16$时，求剩下多少吨蔬菜。

2.（1）分别用a、b表示长方形的长和宽，C表示周长，写出长方形的周长公式。

（2）用上面的公式求长17厘米、宽13厘米的长方形的周长。

材料二十五：

51-1/52-1 化简下列算式

$5x + 16x =$ $8b - 3b =$

$10x - 3x =$ $a + 9a =$

图形与几何领域

材料一：

1-1/2-1 回答问题

平行四边形的面积＝_____

如果用S表示平行四边形的面积，用a和h表示平行四边形的底和高，上面的公式可以写为：

_____

材料二：

3-1/4-1 计算

一个平行四边形，底25厘米，高40厘米，面积是多少平方厘米？

材料三:

5-1/6-1 回答问题

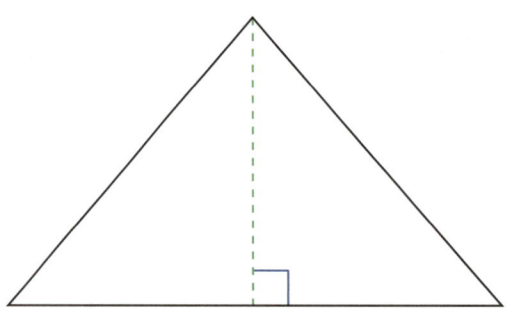

三角形的面积＝_____

如果用S表示三角形的面积,用a和h分别表示三角形的底和高,上面的公式可以写成:

_____

材料四：

7-1/8-1 计算

一个三角形的底是4分米,高是3分米,面积是多少平方分米?

材料五：

9-1/10-1 回答问题

梯形的面积＝_____

如果用S表示梯形的面积，用a、b和h分别表示梯形的上底、下底和高，上面的公式可以写成：

_____

材料六：

11-1/12-1 计算

一个梯形的上底是8厘米，下底是12厘米，高是10厘米，面积是多少平方厘米？

材料七:

13-1/14-1 计算下面图形的面积,说一说你的计算方法

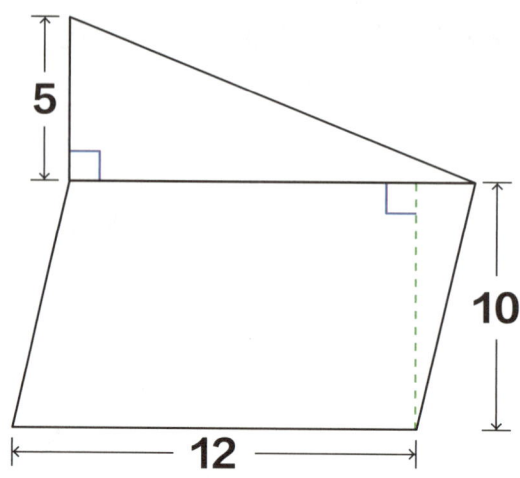

材料八：

15-1/16-1 计算下面不规则图形的面积（每小格的面积是1平方米）

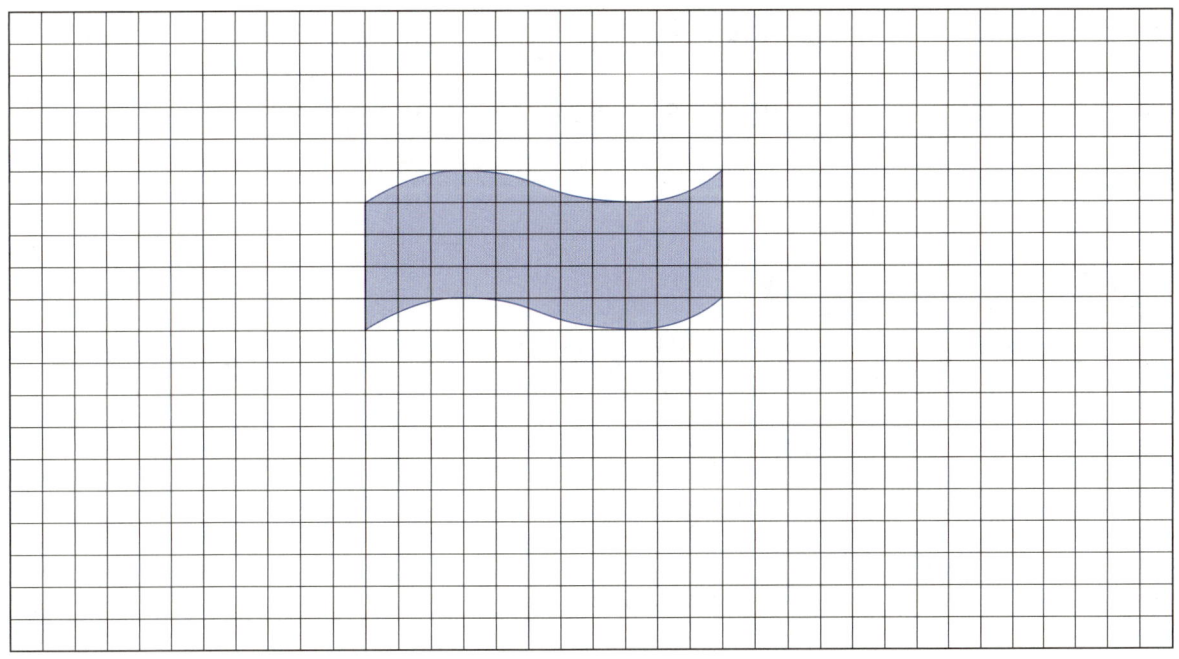

材料九：

17-1/18-1 填空

边长为（　　　　　）米的正方形土地，面积是1平方千米；

边长为（　　　　　）米的正方形土地，面积是1公顷。

19-1/20-1 填空

1平方千米＝（　　　　　）平方米＝（　　　　　）公顷

21-1/22-1 填空

2.3公顷＝（　　　　　）平方米

800平方米＝（　　　　　）公顷

530000平方米＝（　　　　　）平方千米

8平方千米＝（　　　　　）公顷

材料十：

23-1/24-1 解决问题

如下图，实验小学共有两块绿地，一块是平行四边形草坪，另一块是梯形花园，学校共有师生300人，请问人均绿地面积是多少平方米？

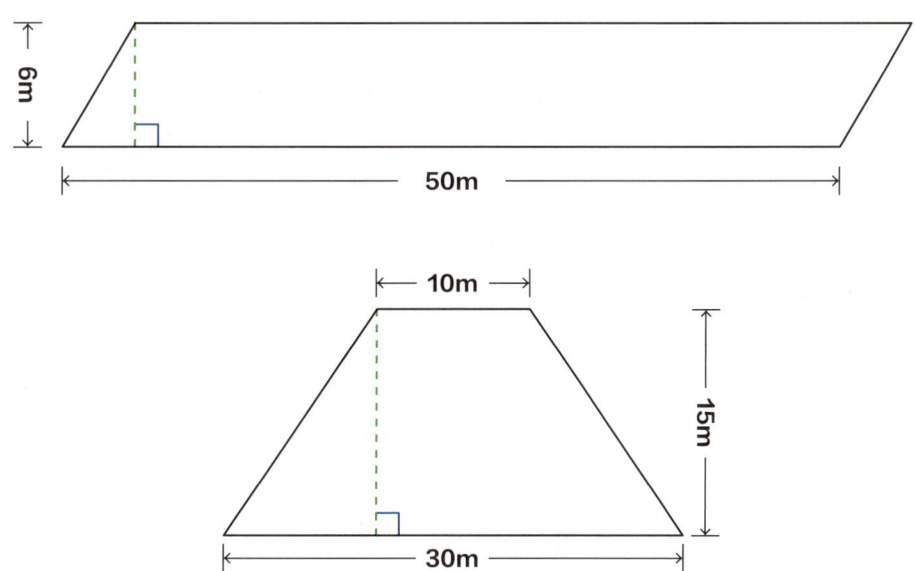

统计与概率

材料一：

1-1/2-1 观察表格并回答问题

行知小学五年级学生兴趣小组人数统计表

2022年8月

数量/人 性别 组别	合计	男	女
总计			
美术小组	28	7	21
音乐小组			
舞蹈小组			
编程小组			

（1）表头中"性别"指的是什么意思？"数量/人"指的是什么意思？"组别"指的是什么意思？

（2）舞蹈小组的数据应该填写在哪里？

9-1/10-1 看表回答问题

表中数字"28"指的是（　　　　　　），行知小学五年级兴趣小组中美术小组的男生有（　　　　　　）人。

材料二：

3-1/4-1 观察统计图并回答问题

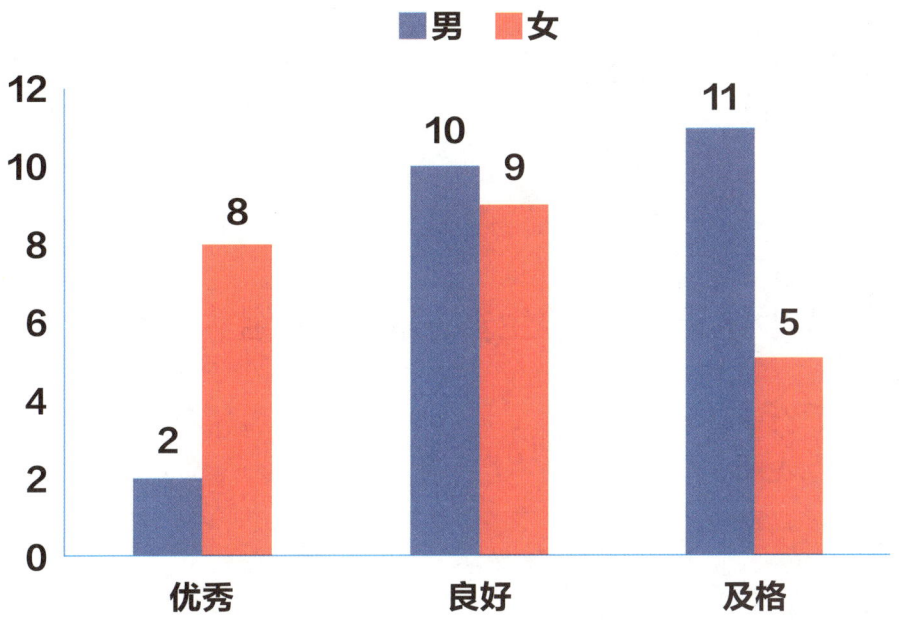

（1）图头中"蓝色"指的是什么？"红色"指的是什么？

（2）跑步测试的不同等级在哪里表示？

11-1/12-1 看图回答问题

图中数字"2"指的是什么？获得优秀的同学中男生多还是女生多？哪个等级的男生最多？

材料三：

5-1/6-1 根据材料完成复式统计表

行知小学五年级学生音乐兴趣小组人数统计表

2022年8月

性别	合计	男	女
人数	27	17	10

行知小学五年级学生舞蹈兴趣小组人数统计表

2022年8月

性别	合计	男	女
人数	22	16	6

行知小学五年级学生编程兴趣小组人数统计表

2022年8月

性别	合计	男	女
人数	30	14	16

行知小学五年级学生兴趣小组人数统计表

2022年8月

数量/人 性别 组别	合计	男	女
总计			
美术小组	28	7	21
音乐小组			
舞蹈小组			
编程小组			

7-1/8-1 根据整理的统计表完成条形统计图

行知小学五年级学生兴趣小组人数条形统计图

2022年8月

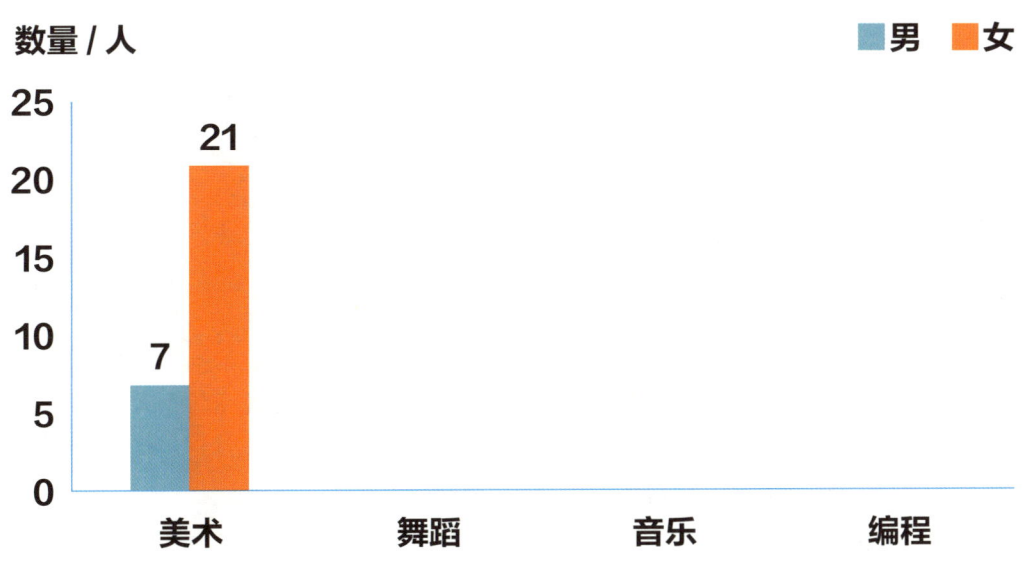

材料四：

13-1/14-1 根据整理的图表回答问题

（1）四个兴趣小组一共多少人？你是怎么算出来的？

（2）从复式统计表与统计图中，你还能获得哪些信息？

数学·五年级
（下册）

编写人员：

芮代琴　刘加芳　刘　婷　赵　敏　宋晓杰　翁丽丽
李月月　茅　成　吴振兰

学　校：_____　　年　级：_____
姓　名：_____　　出生日期：_____
评估者：_____　　评估时间：_____

评估标准：

　　3分：独立完成单一知识/技能；或独立完成多重知识/技能100%。

　　2分：独立完成或在单一支持下完成多重知识/技能60%及以上；或在单一支持下完成单一知识/技能。

　　1分：独立完成或在多重支持下完成多重知识/技能20%～60%以内；或在多重支持下完成单一知识/技能。

　　0分：独立完成或在多重支持下完成多重知识/技能20%以下；或在多重支持下无法完成单一知识/技能。

数与代数领域

材料一：

1-1/2-1 回答问题

（1）4×3＝12，4和3都是12的（　　　），12是4的（　　　），也是3的（　　　）。

（2）6×2＝12，你能说出哪个数是哪个数的因数，哪个数是哪个数的倍数？

材料二：

3-1/4-1 回答问题

30的因数有（　　　　　　　　）

4的倍数有（　　　　　　　　）

50以内7的倍数有（　　　　　　　　　　）

材料三：

5-1/6-1 回答问题

（1）2的倍数的特征：个位上是（　　）、（　　）、（　　）、（　　）、（　　）的数。

（2）3的倍数的特征：各个数位上的数字之和是（　　）的倍数的数。

（3）5的倍数的特征：个位上是（　　），（　　）的数。

材料四：

7-1/8-1 回答问题

（1）8的因数：1，2，4，8。12的因数：1，2，3，4，6，12。那么1，2，4就是8和12的（　　　），其中4就是8和12的（　　　）。

（2）18和30的公因数有（　　　），最大公因数是（　　　）。

材料五：

9-1/10-1 回答问题

（1）6，12，18，24，…既是2的倍数，又是3的倍数，它们是2和3的（　　　）。其中6是2和3的（　　　）。

（2）找出每组数的最小公倍数。

　　　　　　12和18　　　　　　　　24和36

材料六：

11-1/12-1 回答问题

（1）2、3、5这几个数只有1和它本身两个因数，像这样的数叫作（　　）。

（2）6、8、9这几个数除了1和它本身还有别的因数，像这样的数叫作（　　）。

（3）是2的倍数的数叫作（　　）数，不是2的倍数的数叫作（　　）数。

材料七：

13-1/14-1 回答问题

（1）把一个合数用（　　　）数相乘的形式表示出来，叫作分解质因数。

（2）把6和12分解质因数。

6＝（　　）×（　　）

12＝（　　）×（　　）×（　　）

材料八：

15-1/16-1 涂一涂，说一说

1. 在每个图里涂色表示 $\frac{2}{3}$，说一说：同样是 $\frac{2}{3}$，为什么涂色草莓的个数不同？

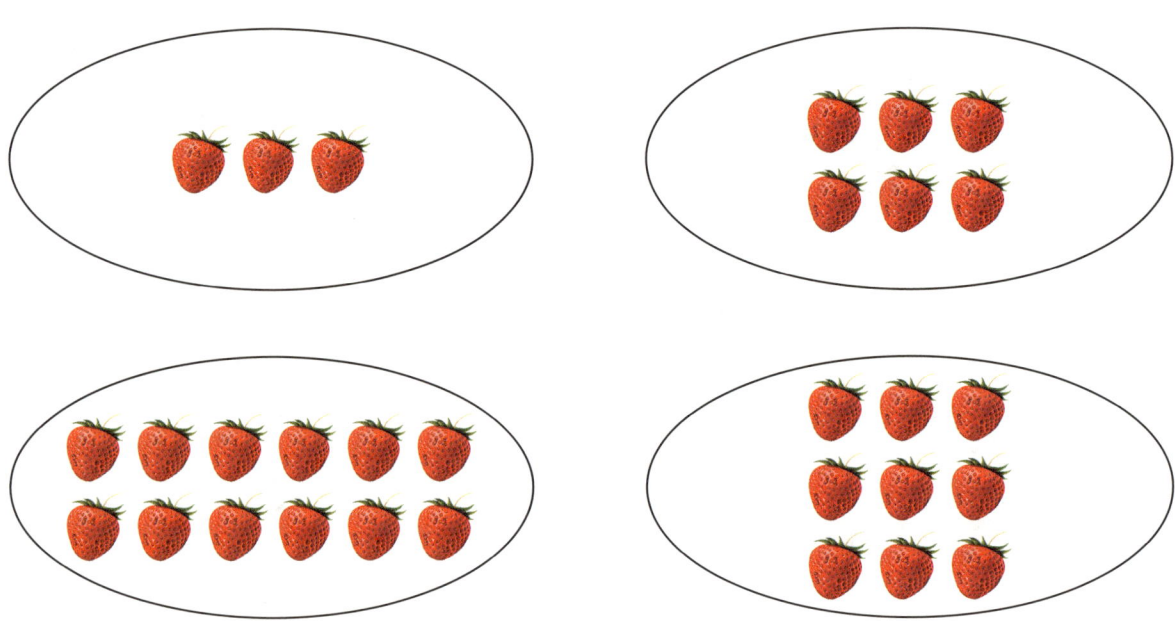

2. 说出下面分数表示的含义以及各分数的分数单位。

（1）一块菜地的 $\frac{2}{5}$ 种萝卜。

（2）我国森林覆盖率是 $\frac{23}{100}$。

（3）一根绳长 $\frac{7}{10}$ 种。

材料九：

17-1/18-1 填一填

（1）分数与除法的关系：被除数相当于分数的（　　　），除数相当于分数的（　　　），除号相当于（　　　），商相当于（　　　）。

（2）分数与除法的区别：分数是一个（　　　），而除法是一种（　　　）。

（3）$\dfrac{13}{42}$ ＝（　　）÷（　　）　　　（　　）÷27＝$\dfrac{4}{27}$

5÷（　　）＝$\dfrac{5}{13}$　　　23÷49＝$\dfrac{(\ \ )}{(\ \ )}$

材料十：

19-1/20-1 读出下面的分数，并分一分

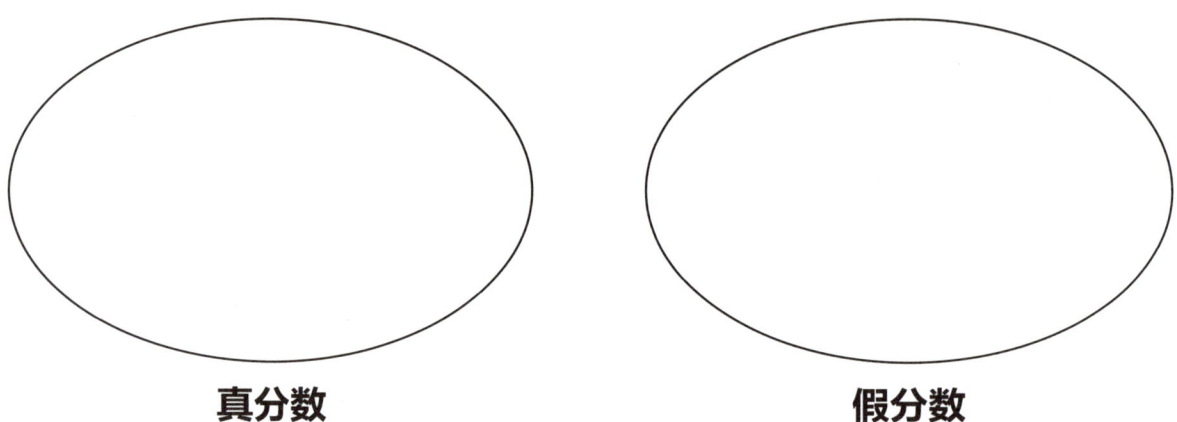

$$\frac{1}{2} \qquad \frac{3}{5} \qquad \frac{7}{3} \qquad \frac{8}{8} \qquad \frac{6}{11} \qquad \frac{17}{15} \qquad \frac{12}{2}$$

真分数   **假分数**

材料十一：

21-1/22-1 把下面的假分数化成整数或带分数，再读出带分数

$\dfrac{15}{3}$　　$\dfrac{9}{2}$　　$\dfrac{18}{5}$　　$\dfrac{13}{13}$　　$\dfrac{56}{4}$　　$\dfrac{57}{8}$　　$\dfrac{9}{1}$　　$\dfrac{27}{6}$

材料十二：

23-1/24-1 把下面的分数化成小数（除不尽的保留三位小数）

$\dfrac{4}{5}$ $\qquad\qquad$ $\dfrac{1}{6}$ $\qquad\qquad$ $\dfrac{1}{8}$

$\dfrac{17}{5}$ $\qquad\qquad$ $\dfrac{9}{16}$ $\qquad\qquad$ $\dfrac{12}{6}$

材料十三：

25-1/26-1 把下面的小数化成分数

0.7	1.5	0.21
0.93	0.03	0.126

材料十四：

27-1/28-1 填一填

（1）把一个分数的分子扩大4倍，要使分数的大小不变，它的分母应该（　　　）。

（2）把一个分数的分母缩小3倍，要使分数的大小不变，它的分子应该（　　　）。

（3）分数的分子和分母（　　　），分数的大小不变。

（4）$\dfrac{1}{5}=\dfrac{(\ \ )}{30}$　$\dfrac{7}{21}=\dfrac{1}{(\ \ )}$　$\dfrac{2}{5}=\dfrac{8}{(\ \ )}$　$\dfrac{34}{51}=\dfrac{(\ \ )}{3}$

材料十五：

29-1/30-1 圈出下面分数中的最简分数，把不是最简分数的，再进行约分

$$\frac{10}{12} \quad \frac{5}{7} \quad \frac{35}{21} \quad \frac{37}{3} \quad \frac{60}{90} \quad \frac{7}{84}$$

29-2/30-2 说一说下面每组分数的公分母是多少，再通分

$$\frac{3}{8} 和 \frac{4}{5} \quad \frac{5}{9} 和 \frac{1}{6} \quad \frac{4}{15} 和 \frac{2}{3}$$

$\frac{3}{8}$ 和 $\frac{4}{5}$ 的公分母是 _____

$\frac{5}{9}$ 和 $\frac{1}{6}$ 的公分母是 _____

$\frac{4}{15}$ 和 $\frac{2}{3}$ 的公分母是 _____

材料十六：

31-1/32-1 在○里填 ">" "<" 或 "="

$\dfrac{7}{9}$ ○ $\dfrac{7}{8}$ $\dfrac{3}{9}$ ○ $\dfrac{1}{3}$ $\dfrac{7}{10}$ ○ $\dfrac{10}{7}$

$\dfrac{4}{7}$ ○ $\dfrac{1}{2}$ $\dfrac{3}{8}$ ○ $\dfrac{4}{11}$ $\dfrac{2}{3}$ ○ $\dfrac{5}{6}$

材料十七：

33-1/34-1 算一算，能简便计算的要简便计算

$\dfrac{5}{8}+\dfrac{7}{9}=$ $\qquad$ $\dfrac{1}{2}+\dfrac{6}{7}=$ $\qquad$ $\dfrac{8}{7}+\dfrac{2}{3}=$

$\dfrac{7}{4}+\dfrac{3}{10}=$ $\qquad$ $\dfrac{1}{5}+\dfrac{1}{7}=$ $\qquad$ $\dfrac{3}{4}+\dfrac{7}{8}+\dfrac{5}{6}=$

$\dfrac{1}{6}+\dfrac{5}{12}+\dfrac{5}{6}=$ $\qquad$ $\dfrac{3}{5}+\dfrac{7}{9}+\dfrac{2}{5}+\dfrac{11}{9}=$

材料十八：

35-1/36-1 算一算，能简便计算的要简便计算

$\dfrac{1}{3} - \dfrac{5}{9} =$ $\qquad$ $\dfrac{6}{7} - \dfrac{1}{4} =$ $\qquad$ $\dfrac{7}{2} - \dfrac{2}{7} =$

$\dfrac{3}{8} - \dfrac{2}{9} =$ $\qquad\qquad\qquad$ $\dfrac{1}{5} - \dfrac{1}{7} =$

$\dfrac{6}{7} - \dfrac{1}{9} - \dfrac{2}{9} =$ $\qquad\qquad$ $\dfrac{3}{7} - \left(\dfrac{15}{21} - \dfrac{1}{2} \right) =$

材料十九：

37-1/38-1 算一算

$\dfrac{7}{8} - \dfrac{3}{5} + \dfrac{1}{8} =$ $\dfrac{3}{4} + \dfrac{1}{6} - \dfrac{5}{8} =$

$\dfrac{1}{2} + \left(\dfrac{5}{6} - \dfrac{3}{4} \right) =$ $\dfrac{3}{5} - \left(\dfrac{2}{5} + \dfrac{1}{6} \right) =$

材料二十：

39-1/40-1 算一算，填一填

$\dfrac{5}{13}+\dfrac{6}{13}=$ $\qquad$ $\dfrac{7}{8}-\dfrac{1}{8}=$

通过计算发现，计算同分母分数加减法的方法是：分母（　　　　），分子相（　　　　）。

41-1/42-1 算一算，填一填

$\dfrac{3}{4}-\dfrac{1}{3}=$ $\qquad$ $\dfrac{4}{5}+\dfrac{1}{8}=$ $\qquad$ $\dfrac{5}{6}-\dfrac{1}{2}=$

通过计算发现，计算异分母分数加减法的方法是：先（　　　　），再按照（　　　　）的运算法则运算，计算的结果注意（　　　　）。

材料二十一：

43-1/44-1 解决实际问题

（1）一本故事书，张红第一天看了全书的 $\dfrac{1}{4}$，第二天看了全书的 $\dfrac{1}{3}$，两天一共看了全书的几分之几？

（2）一个三角形，第一条边长 $\dfrac{1}{5}$ 分米，第二条边长 $\dfrac{3}{10}$ 分米，第三条边长 $\dfrac{2}{5}$ 分米，这个三角形的周长是多少分米？

材料二十二：

45-1/46-1 解决实际问题

（1）小林与小华进行速算比赛，小林用了 $\frac{3}{5}$ 小时，小华用了 $\frac{5}{9}$ 小时，小林比小华多用了几分之几小时？

（2）一块地，其中 $\frac{1}{3}$ 种玉米，$\frac{2}{5}$ 种高粱，其余的种玉米，问玉米占这块地的几分之几？

材料二十三：

47-1/48-1 根据题意，解决实际问题

（1）用分数表示各图中的涂色部分。

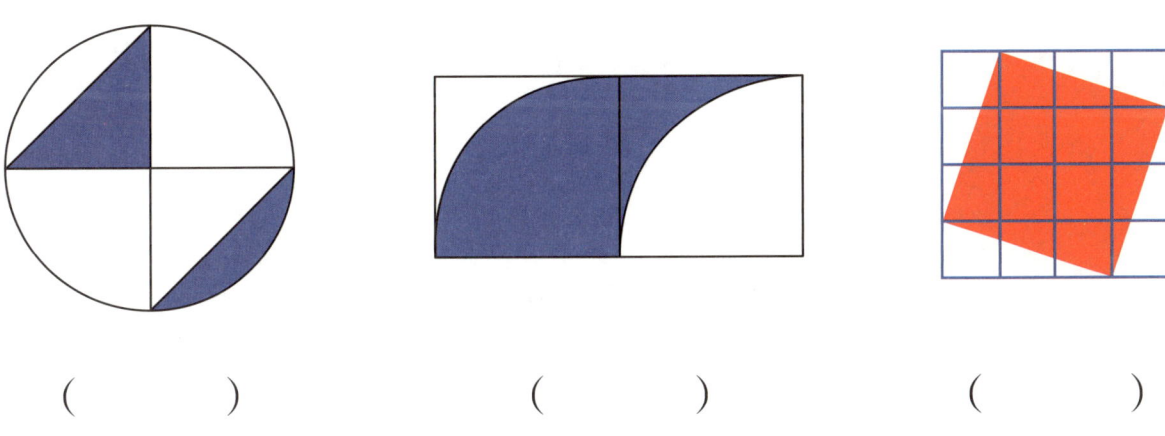

(　　　)　　　　(　　　)　　　　(　　　)

（2）如下图所示，一块长方形菜地长32米，宽22米，中间有两条小路，宽都是2米，那么剩下的菜地的面积是多少平方米？

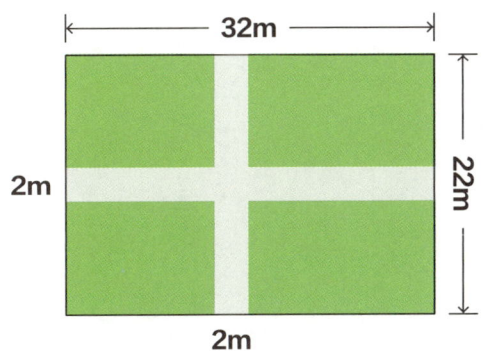

材料二十四：

49-1/50-1 计算下面各题

$45+46+47+48+49+50+51+52+53=$

$1-\dfrac{1}{2}-\dfrac{1}{4}-\dfrac{1}{8}-\dfrac{1}{16}=$

图形与几何领域

材料一：

1-1/2-1 填空

（1）在同一个圆内，有（　　　）条半径，有（　　　）条直径，所有的半径都（　　　），所有的直径也（　　　），在同一个圆中，直径的长度是半径的（　　　）倍。

（2）圆是（　　　）对称图形，它有（　　　）条对称轴。

材料二：

3-1/4-1 填空

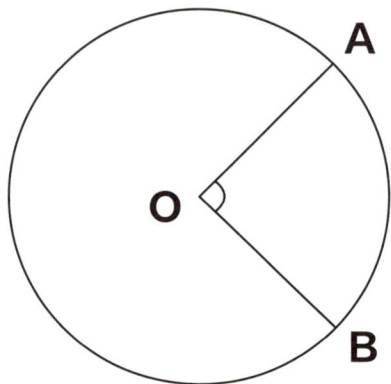

（1）扇形是由圆的两条半径和一段曲线围成，扇形有一个角，角的顶点在（　　），这段曲线是圆的一部分，称为（　　），这个角叫作（　　）。

（2）在同一个圆中，扇形的大小只与（　　）有关。

材料三：

5-1/6-1 画一个直径是4cm的圆，并用字母O、r、d分别表示它的圆心、半径和直径

材料四：

9-1/10-1 填空

（1）任何一个圆的周长除以直径的商都是一个固定的数，这个数叫作（　　），用字母π表示，它是一个（　　）小数。

（2）π＝_____，在计算时，一般保留两位小数，取它的近似值（　　）。

11-1/12-1 填空

如果用C表示圆的周长，周长C与直径d或半径r的关系是：

C＝_____ 或C＝_____

13-1/14-1 计算下面各圆的周长

$d = 1.8\,dm$ $r = 3\,cm$

材料五：

15-1/16-1 填空

如果用S表示圆的面积，圆的面积公式是：

$$S = \underline{\hspace{4cm}}$$

17-1/18-1 计算下面圆的面积

r＝2 cm   d＝5 dm   C＝3.14 m

材料六：

19-1/20-1 求涂色部分的面积

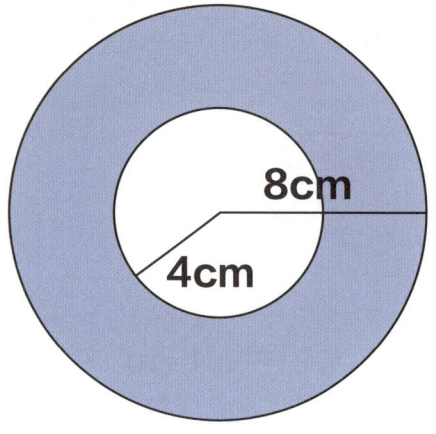
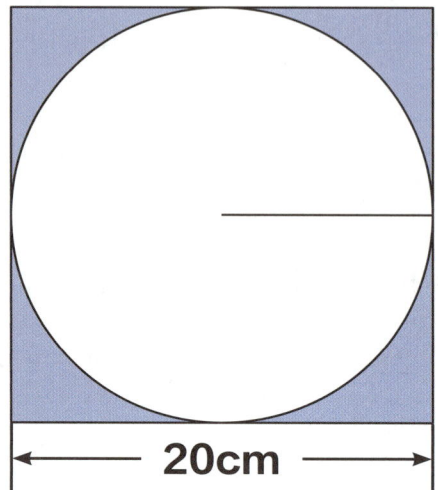

统计与概率

材料一：

1-1/2-1 观察表格并回答问题

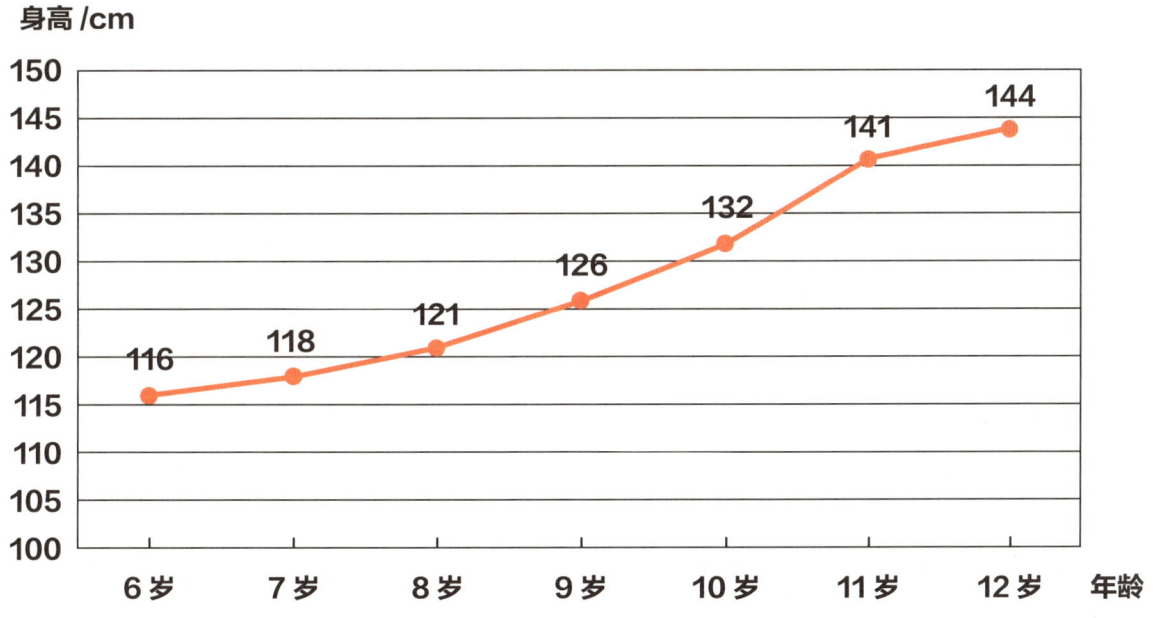

(1) 图中横坐标的数量含义什么？纵坐标的数量含义是什么？

(2) 图中折线表示的含义是什么？

(3) 折线统计图有什么特点？

7-1/8-1 看图回答问题

（1）图中数字"121"指的是什么？

（2）图中可知，宁同学10岁时身高是多少厘米？

11-1/12-1 看图回答问题

（1）随着年龄的增长，宁同学的身高是怎样变化的？你是怎样看出来的？

（2）你能从折线图中看出来宁同学哪一年身高增长的最快吗？你是怎样看出来的？

13-1/14-1 看图回答问题

估计一下，宁同学13岁生日时的身高大约是多少厘米？

材料二：

3-1/4-1 根据材料完成统计图

南京2021年各月平均气温统计表

2022年8月

月份	一月	二月	三月	四月	五月	六月	七月	八月	九月	十月	十一月	十二月
平均气温/℃	7	9	14	20	26	29	32	32	27	22	16	10

南京2021年各月平均气温统计图

2022年8月

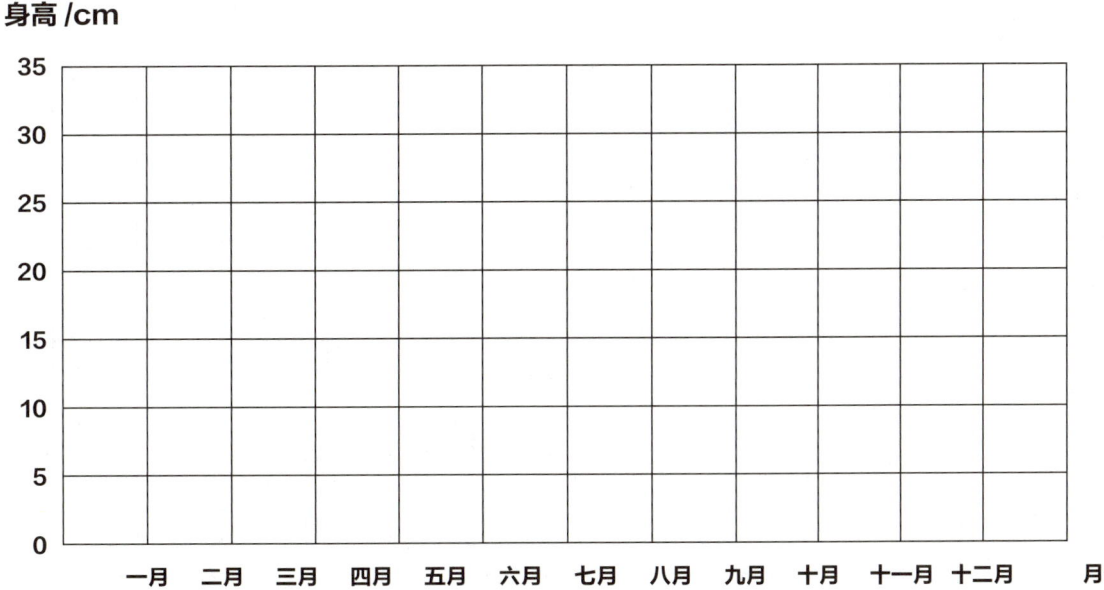

材料三：

5-1/6-1 根据材料完成统计图

南京与悉尼2021年各月平均气温统计表

2022年8月

月份	一月	二月	三月	四月	五月	六月	七月	八月	九月	十月	十一月	十二月
南京	7	9	14	20	26	29	32	32	27	22	16	10
悉尼	25	25	23	19	15	14	13	15	17	18	22	19

南京与悉尼2021年各月平均气温统计图

2022年8月

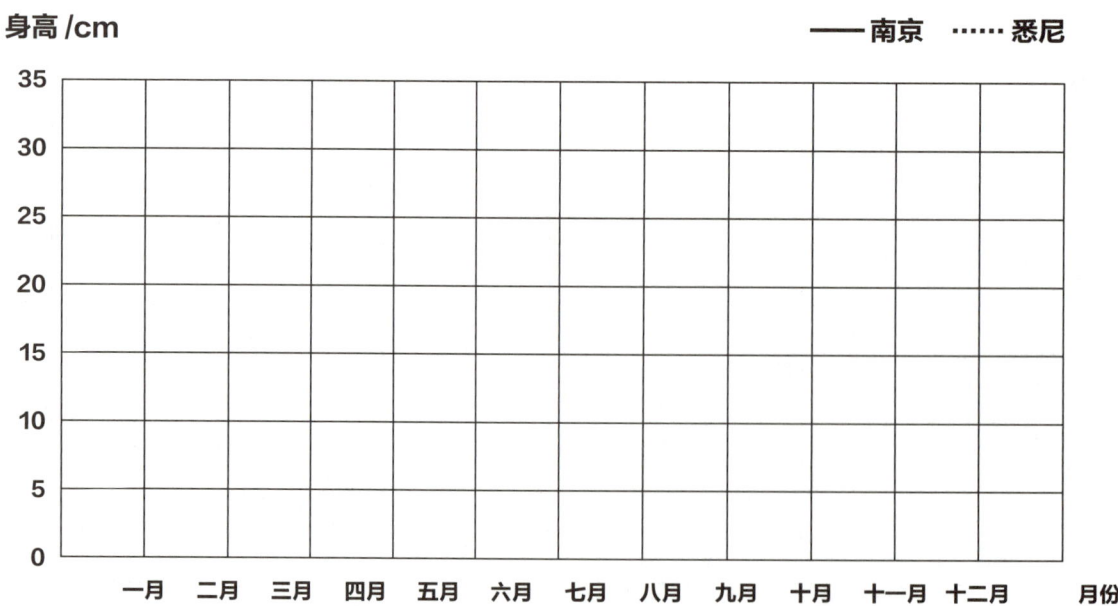

9-1/10-1 看图回答问题

（1）这两个城市的最高月平均气温分别出现在几月份？最低呢？

（2）南京与悉尼一年中月平均气温变化趋势有什么不同？结合生活经验，猜一猜这是为什么？

（3）你还能提出其他问题吗？

英语·五年级
（上册）

编写人员：
王　霞　黄永志　刘晓慧

学　　校：_____　　年　　级：_____
姓　　名：_____　　出生日期：_____
评 估 者：_____　　评估时间：_____

评估标准：

　　3 分：独立完成单一知识/技能；或独立完成多重知识/技能 100%。

　　2 分：独立完成或在单一支持下完成多重知识/技能 60% 及以上；或在单一支持下完成单一知识/技能。

　　1 分：独立完成或在多重支持下完成多重知识/技能 20%～60% 以内；或在多重支持下完成单一知识/技能。

　　0 分：独立完成或在多重支持下完成多重知识/技能 20% 以下；或在多重支持下无法完成单一知识/技能。

听做领域

材料一:

1-1 根据听到的对话选出正确的答案

A: Hi, Li Lei. What are you doing?
B: I'm writing an email to my e-friend Milan.
A: Where does he live?
B: He lives in Russia.
A: What does he like doing?
B: He likes reading.
A: Is he a student?
B: Yes, he is.

材料二：

1-1 请根据听到的对话选出正确的答案

（　　）A: What's Li Lei doing?

　　　　B: He's writing a/an _____ .

　　　　A　　　　　　　　　　　　　B

（　　）A: Where does Milan live?

　　　　B: He lives in _____ .

　　A　　　　　　　　B　　　　　　　　C

（　　）A: What does Milan like doing?

　　　　B: He likes _____ .

　　A　　　　　　　　B　　　　　　　　C

材料三：

2-1/3-1 根据听到的故事进行判断

My animal friend

　　I have an animal friend. It is white. It has four legs and a short tail. It has long and big ears. Its eyes are red. It can run and jump. I often play with it after school.

材料四：

2-1/3-1 请根据听到的故事进行判断

(　　)（1）My animal friend isn't a rabbit.

(　　)（2）It is white and black.

(　　)（3）It has red eyes.

(　　)（4）It can run.

(　　)（5）I like it very much.

材料五：

4-1/5-1 请听问题，说出正确的回答(注：涉及第三人称，可借助于单词卡片或课文图片）

（1）How many computer rooms are there in our school?

（2）Are there any Science rooms?

（3）Is there a library?

（4）Do you have an animal friend?

（5）Does Liu Tao have PE lessons at school?

（6）What do you like doing?

（7）What does your father like doing?

（8）Do the twins like swimming?

（9）What do Mike and Liu Tao like doing?

（10）What do you do?

（11）What does your father do?

（12）Does Yang Ling like playing football?

（13）Do your friends like singing?

（14）What subjects do you like?

（15）What subjects does he/she like?

（16）What subjects do your friends like?

（17）What do you do at weekends?

（18）What does your father do at weekends?

（19）What do your friends do at weekends?

材料六：

6-1/7-1 根据听到的指令做出相应的反应（注：老师可根据自己常用的课堂指令进行随堂检测，以下指令仅供参照）

（1）Put up/down your hands. /Hands up.（请举起/放下手）

（2）Look at the blackboard.（看黑板）

（3）Look at the screen.（看屏幕）

（4）Take out your books.（把书拿出来）

（5）Put away your books.（把书放好）

（6）Louder, please.（请大声一点）

（7）Go back to your seat.（请回到你的座位）

（8）Quiet, please.（请安静）

（9）Stop talking now.（停止讲话）

（10）You may begin.（你们可以开始了）

（11）Time is up.（时间到）

（12）Work in pairs.（两人一组，进行活动）

（13）Work in group of ...（……人一组，进行活动）

（14）Please hurry up.（请抓紧时间）

（15）Pass the worksheets to the back.（向后传练习纸）

（16）Let's act out the story.（我们来表演故事）

（17）Let's do a role-play.（我们来角色扮演）

（18）Speak in English.（用英语说）

（19）Pay attention, please.（请注意）

（20）I beg your pardon.（请再说一次）

（21）Turn to page ...（翻到第……页）

（22）Read the dialogue with your partner.（和你的搭档一起读对话）

（23）Your turn, please.（轮到你了）

说唱领域

材料一：

1-1/2-1 请用正确的句型交流个人信息

（1）朋友想知道你周末干什么，你们会怎样问答？

（2）朋友想知道你的妹妹周末干什么，你们会怎样问答？

（3）朋友问"你的妈妈是老师吗"，你告诉朋友"妈妈是在家写故事的作家"，会怎样问答？

（4）朋友问你会干什么，你告诉朋友你溜冰溜得好，你们会怎样问答？

（5）朋友问你喜欢的学科是什么，你们会怎样问答？

（6）朋友想知道你有网友吗，你们会怎样问答？

（7）朋友问你喜欢干什么，你们会怎样问答？

（8）想知道你的职业是什么，可以怎样问答？

（9）朋友问"你的父亲的职业是什么"，你告诉朋友"父亲是一位医生，帮助生病的人"，你们可以怎样问答？

（10）朋友问"你的爷爷奶奶周末干什么"，你告诉朋友"周末他们通常和你在网上聊天"，你们可以怎样问答？

材料二：

3-1/4-1 请看图片，说出相应的句子

（1）老师想请你带她参观，你答应了，你和老师会说什么？

（2）你向朋友介绍这些是教室，朋友问你有多少间教室，你们会怎样问答？

（3）朋友问你"学校里有一些电脑教室吗"，你们会怎样问答？

（4）朋友问你"学校里有一间音乐教室吗"，你们会怎样问答？

（5）朋友邀请你今天下午去溜冰，你们会说什么？

（6）朋友提醒你有一个秋千，你开心地说"我们去玩吧"，你们会如何表达？

（7）你让朋友推你，朋友说你太重啦，你们会说什么？

（8）你提醒朋友小心，冰上有一个洞，会怎么说？

（9）你夸赞朋友真的很擅长溜冰，会怎么说？

（10）你因为太高感到害怕，阻止了朋友，会怎么说？

（11）朋友认为这特别有趣，会怎们说？

（12）你问朋友"他喜欢踢足球吗"，你们会怎样问答？

（13）朋友问"他们喜欢干什么"，你们会怎样问答？

（14）朋友问你"杨玲喜欢干什么"，你们可以怎样问答？

（15）朋友问你"苏海喜欢溜冰吗"，你们可以怎样问答？

（16）朋友问你"他们喜欢游泳吗"，你们可以怎样问答？

（17）朋友问你"他们喜欢什么学科"，你们可以怎样问答？

（18）你告诉朋友自己不擅长钓鱼，朋友安慰你别担心，他可以教你，可以怎么说？

（19）你惊叹有这么多的车，会怎么说？

（20）你告诉朋友"Bobby和Sam坐在河边"，可以怎么说？

（21）你让朋友给他一块蛋糕，可以怎么说？

（22）朋友告诉你这儿没有蛋糕，你问真的吗，你们可以怎么说？

（23）他们发现了他们的表弟，可以怎么说？

（24）Bobby等了又等，可以怎么说？

（25）Sam和Bobby谈论他们的爱好，可以怎么说？

Sam and Billy _____ their hobbies.

（26）你请朋友等一下，可以怎么说？

（27）朋友总是吃的很多，可以怎么说？

（28）朋友喊你出来打篮球，可以怎么说？

（29）你告诉朋友你出不去了，可以怎么说？

（30）Mr Turkey先生看上去很伤心，可以怎么说？

（31）请用下列疑问句谈论你的网友或朋友。

Who...?　Where...?　How old...?

What...?　Does he/ she ...?　Can he/ she...?

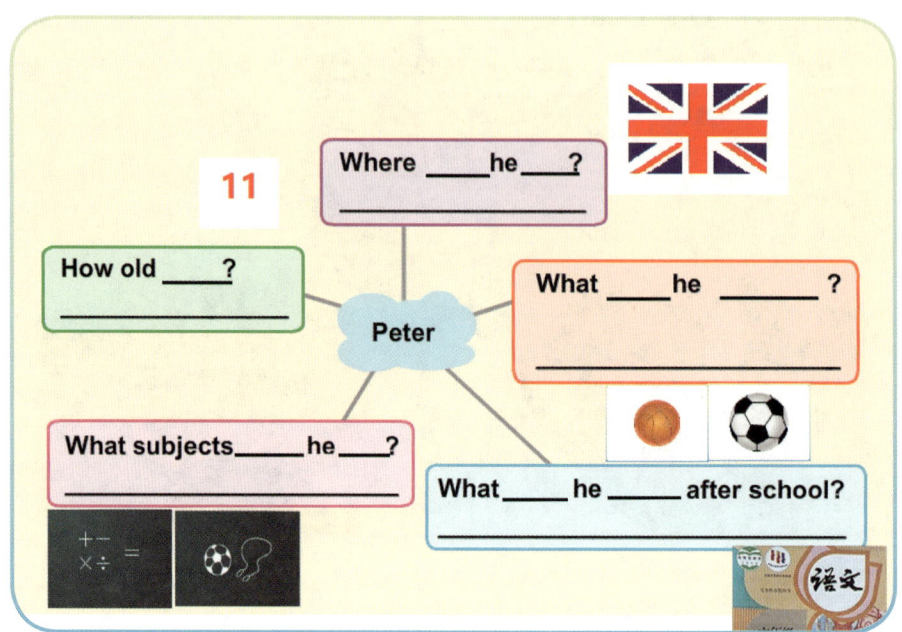

材料三：

5-1/6-1 请就日常生活话题作简短叙述（注：图片仅供提示和参照）

（1）请看图说说你在圣诞节的活动。

（2）请用下列句型谈论会做什么。

（3）请用下列句型介绍自己的洋娃娃或者小动物。

My hobbies
I like _____.
I like _____ too.

My friends' hobbies
_____ likes _____.
_____ likes _____ and _____.
_____ and _____ like _____.

（4）请说一说你的学校。

My school
There are _____ classrooms in my school.
There is a _____. It is on the _____ floor.
There is a _____. It is on the _____ floor.
There is a _____. It is on the _____ floor.
There are _____. They are on the _____ floor.
There is not a _____ in my school.
There are not any _____ in my school.

（5）请在空白的位置填上正确的单词，按照顺序讲述制作贺卡的环节。

（6）请看图介绍王冰的网友。

（7）请描述你和好友的动物朋友的特征。

I have two animal friends.

One is ... and the other ... is ...

They have ...

They ...

They can ...

Li Lei ... an animal friend.

It is ...

It has ...

It ...

It can ...

（9）请说一说你的家人的职业（最后的兄弟姐妹可选写）。

My family's jobs

My father is _____.
He _____.
My mother is _____.
She _____.
I am _____
_____.
My brother/ sister is _____
_____.

材料四：

7-1 请看图片，在提示下讲述故事

The little girl is in the ...
She sees ...

Now she is in the house.
She's ... and ...
There's ... on the table.
This soup is too ...
This soup is ...
This soup is ...

She's ...
There are ... in the room.
This bed is too ...
This bed is ...
This bed is ...

She's ...
... three bears ... her.
She runs away.

认读领域

材料一：

1-1/2-1 请根据图片或实物读出下列单词或词组

1.	house	room	in front of	her	beside
	between	bear	forest	there	soup
	just	right	hard	soft	afraid
	really	then	find	their	
2.	student	classroom	second	computer	third
	first	stop	show ... around	great	floor
	swing	push	heavy	high	
3.	no	leg	arm	foot	give
	rabbit	finger	body	or	wing
	one ..., the other ...				
4.	be good at	read	story	a lot of	dance
	sing	hobby	with	also	watch films
	hole	wet	both	group	about
	idea	ice	play the piano		
5.	teacher	teach	write	work	doctor
	help	worker	nurse	writer	at home
	sick	people	factory	cook	driver
	farmer	policeman			
6.	e-friend	email	live	study	China
	tomorrow	sit	by	send	to
	UK	... years old	Australia	Canada	US
	go fishing	fishing	wait		

7.	visit	often	always	sometimes	there
	play with	very much	chat	grandparent	Internet
	a lot	come out	get out	at weekends	
	go to the cinema				
8.	buy	next	put	look	early
	song	him	us	letter	after
	Christmas	present	pretty	thing	fold
	stocking	turkey	pudding	wait for	finally
	card	children	all	message	Christmas Day
	storybook	Christmas tree	Christmas Eve	Father Christmas	
	have a good time				

材料二：

3-1/4-1 请读出下列单词，并说出划线部分字母的发音

1. c̲ake c̲oat c̲ome c̲up doc̲tor
2. c̲inema danc̲e ic̲e cream juic̲e nic̲e
3. bu̲s du̲ck su̲mmer su̲n u̲mbrella
4. y̲ear y̲ellow y̲es y̲ou y̲oung
5. fly̲ my̲ sky̲ try̲ why̲
6. w̲atch w̲ater w̲eek w̲inter w̲oman
7. alway̲s has̲ his̲ mus̲ic ros̲e
8. j̲acket j̲uice j̲ump subj̲ect

材料三：

5-1/6-1 请将相对应的指令与图片进行配对

1. Help!   2. Look out!   3. Wait a minute.   4. Don't worry.

(　　)

(　　)

(　　)

(　　)

材料四：

7-1/8-1 请根据贺卡上的信息选择正确的选项

Dear Lily:
Merry Christmas!
Love,
Lucy

From this card, we know _____ Day is coming. (a.Christmas　b.New Year's)

This card is from _____. (a.Lily　b.Lucy)

材料五：

9-1/10-1 请阅读下面短文，回答问题

Jin Jing: Hello! I'm new in this school. My name is Jin Jing. I am good at dancing. I go to a dancing club once a week. Do you want to dance with me?

Alex: Hi I'm Alex. I come from Canada. I love skating and reading. My friends and I go skating twice a week. Who wants to be my friend?

Tina: Hello! My name is Tina. My favourite hobby is reading. I have many storybooks. I am good at English, so I often read English stories. Who wants to be my reading friend?

Amanda: Hello! My name is Amanda. I am good at street dancing. Now I want to learn Chinese dancing. Who can teach me?

Who are going to be friends?

_____ and _____. They both like _____.
_____ and _____. They both like _____.

注：本题内容选自人民教育出版社《英语》教科书

材料六：

11-1/12-1 请从下面阅读材料中任选5篇朗读

（1）

Goldilocks is in the forest. There is a house.
"What a beautiful house!"

Goldilocks is in the house. She is hungry and thirsty. There is some soup on the table.
"This soup is too cold."
"This soup is too hot."
"This soup is just right."

Goldilocks is tired now. There are three beds in the room.
"This bed is too soft."
"This bed is too hard."
"This bed is just right."

Goldilocks is afraid. There are three bears in front of her!
"Who are you?"
"Help! Help!"

（2）

  Miss Li: Hi, Yang Ling. This is Nancy Black. She's a new student. Can you show her around?
Yang Ling: Yes, Miss Li.

Yang Ling: These are the classrooms.
  Nancy: How many classrooms are there in our school?
Yang Ling: There are 24 classrooms. Our classroom is on the second floor.
  Nancy: Are there any computer rooms?
Yang Ling: Yes, there are. There are two computer rooms. There's a library too. They're on the third floor.
  Nancy: Is there a music room?
Yang Ling: Yes, there is. It's on the first floor. The table tennis room is on the first floor too. Let's go and have a look.

（3）

I have two animal friends. One is red and the other is black. They have big eyes and big bodies. They have no legs or arms, but they have big tails. They can swim.

I have an animal friend. It is white. It has four legs and a short tail. It has big ears. It can run and jump.

My animal friend is white. It has red eyes and long ears. It has four legs and a short tail. It can run.

My animal friend is yellow and green. It has two legs and two wings. It has a big mouth and a long tail. It can talk and fly.

（4）

I like playing basketball and football. I can play basketball well, but l am not good at football. I like drawing too. I usually draw in the park with my brother Tim.

This is my friend Liu Tao. He likes playing football too. He is good at it. He also likes playing table tennis.

This is Yang Ling. She is my friend too. She likes reading stories.She has a lot of books. She also likes playing the piano.

Here are Su Hai and Su Yang. They are twins. Su Hai likes dancing. Su Yang likes watching films.They both like swimming.

（5）

Su Hai: What does your father do, Mike?
　Mike: My father is a teacher. He teaches English. He has a lot of students.
Su Hai: That's nice. What about your mother? Is she an English teacher too?
　Mike: No, she isn't. She's a writer. She writes stories. She works at home.

　Mike: What does your father do, Su Hai?
Su Hai: My father is a doctor. He helps sick people.
　Mike: That's great! What does your mother do?
Su Hai: My mother is a factory worker. She makes sweets.
　Mike: Oh, really? 1 like sweets! I eat a lot of sweets.

（6）

　Liu Tao: Hi, Wang Bing. Let's go and play football in the playground.
Wang Bing: Wait a minute, Liu Tao. Let me send this email first. It's to my e-friend.
　Liu Tao: Who's your e-friend?
Wang Bing: He's Peter. He lives in the UK.
　Liu Tao: How old is he?
Wang Bing: He's 11 years old.

　Liu Tao: Can he speak Chinese?
Wang Bing: Yes, he can.
　Liu Tao: Does he have Chinese lessons at school?
Wang Bing: No, he doesn't. He studies Chinese after school.
　Liu Tao: What subjects does he like?
Wang Bing: He likes Maths and PE.
　Liu Tao: Does he like playing football?
Wang Bing: Yes, he does. He likes swimming too.

（7）

Mike: What do you do at weekends, Su Hai?

Su Hai: I usually visit my grandparents. Su Yang and I like playing with their cat Kitty very much. We often have dinner with our grandparents at weekends.

Mike: My grandparents live in the UK. I usually chat with them on the Internet at weekends.

Su Hai: What does Helen do at weekends?

Mike: She always has dancing lessons. She sometimes goes to the cinema with her friends.

Su Hai: What about you, Mike?

Mike: I usually play football with Liu Tao at weekends. I sometimes go to the park with my family. We usually fly a kite and have a picnic there.

（8）

We always have a lot of fun at Christmas.

First, we buy presents for our family and friends. We also buy a Christmas tree. We sometimes go to see Father Christmas.

Next, we put some pretty things on the Christmas tree. We also put our presents under the tree. It looks great!

Then, Christmas Eve comes. We put a stocking on our beds and wait for presents.

Finally, it is Christmas Day! We wake up early and open our presents. We have a big lunch. We eat a turkey and Christmas pudding. We all have a good time!

书写领域

材料一：

1-1/2-1/3-1 写出所听到的单词或词组

（1）地点：house, room, classroom, there
（2）序数词：first, second, third
（3）身体部位：leg, arm, foot
（4）职业：student, teacher, doctor, worker, nurse
（5）宾格：her, him, us
（6）介词：in front of, beside, between, by, after
（7）副词：often, always, sometimes, next , early
（8）动词：stop, give, read, dance, sing, teach, write, work, help, live, study , sit , visit, buy, put, look
（9）其他：computer, story, e-friend, email, China, tomorrow, song, letter, no
（10）词组：be good at, a lot of

材料二：

1-1 请写出所听到的单词或词组

（1）

（2）

（3）

（4）

（5）

（6）

（7）

（8）

(9)

(10)

材料三：

2-1 请抄写所听到的单词或词组

after letter us him song her

early look put next buy visit

there often always sometimes

sit by tomorrow China study

live email e-friend nurse help

worker doctor teacher student

sing dance teach write work

story read give foot arm leg

stop house first second third

classroom computer beside no

room between in front of

be good at a lot of

材料四：

3-1 请描红下列单词或词组

after letter us him song her

early look put next buy visit

there often always sometimes

sit by tomorrow China study

live email e-friend nurse help

worker doctor teacher student

sing dance teach write work

story read give foot arm leg

stop house first second third

classroom computer beside no

room   between   in front of

be good at   a lot of

材料五：

4-1 请根据情境和对话，写出正确的问候语和祝福语

圣诞节，Terry在公园遇到了好朋友Jim，他们一起分享圣诞节礼物。

Terry: Merry Christmas, Jim.
  Jim: _____, Terry.
      Wow, your shoes look so cool.
Terry: Thank you, Jim .They are from my father.
      What did you get for Christmas?
  Jim: I got a robot from my uncle. It can help me with my study.
Terry: That's great! Can I have a look?
  Jim: Sure. _____ to my home.
Terry: Thank you, Jim. See you tomorrow.
  Jim: _____（再见）.

材料六：

5-1 请根据情境和对话，补全问候语和祝福语

圣诞节，Terry在公园遇到了好朋友Jim，他们一起分享圣诞节礼物。

Terry: Merry Christmas, Jim.
 Jim: _____（圣诞快乐），Terry.
   Wow, your shoes look so cool.
Terry: Thank you, Jim. They are from my father.
   What did you get for Christmas?
 Jim: I got a robot from my uncle. It can help me with my study.
Terry: That's great! Can I have a look?
 Jim: Sure. _____ to（欢迎到…）my home.
Terry: Thank you, Jim. See you tomorrow.
 Jim: _____（再见）.

材料七：

6-1 请根据导图和短语提示，写出短文，从年龄、爱好以及周末活动等方面介绍你的外国网友Lucy。不少于50词，要求书写工整规范，注意字母大小写和标点符号。

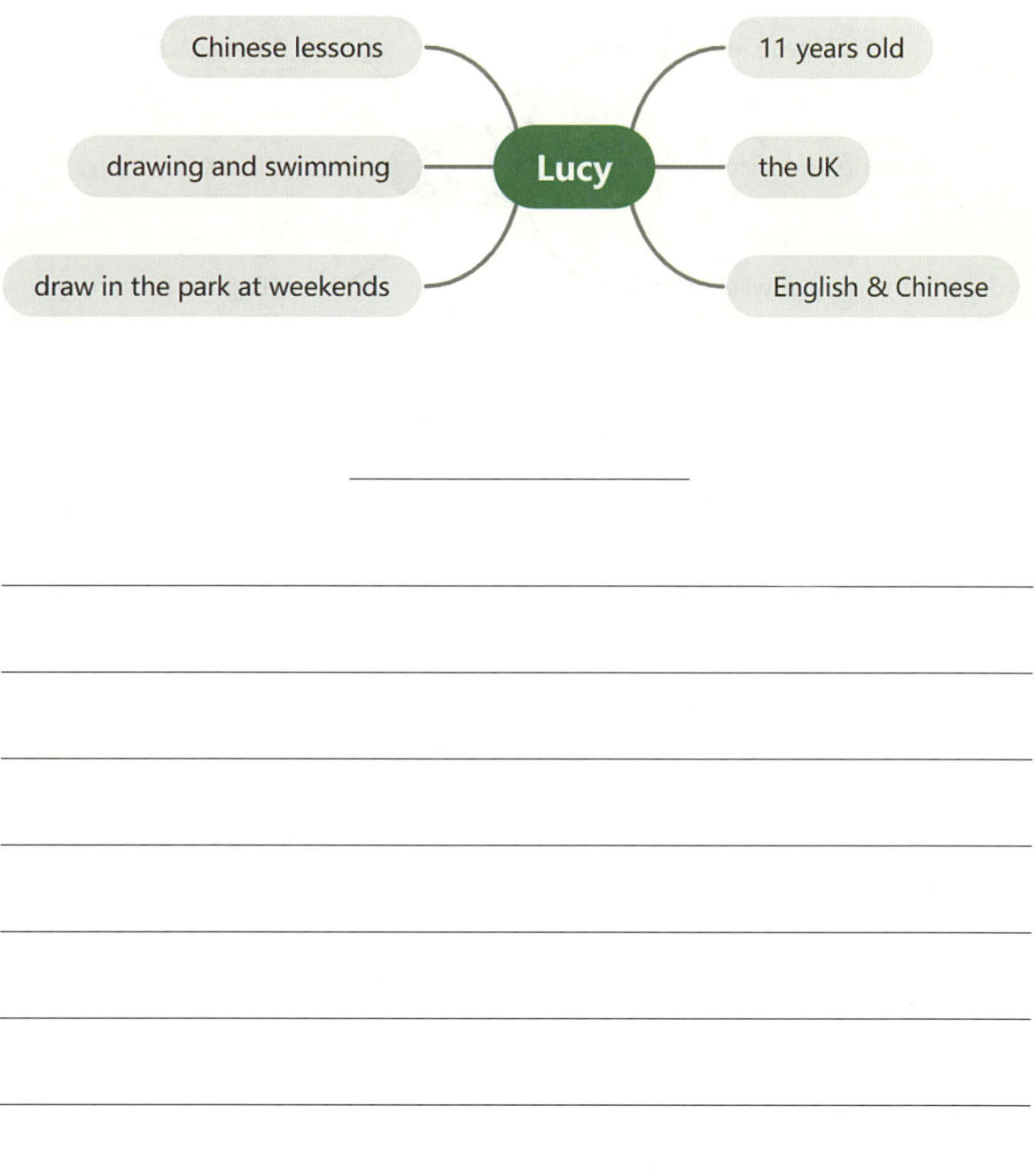

材料八：

7-1 请根据导图和短语提示，补全短文。从年龄、爱好以及周末活动等方面介绍你的外国网友Lucy。不少于50词，要求书写工整规范，注意字母大小写和标点符号。

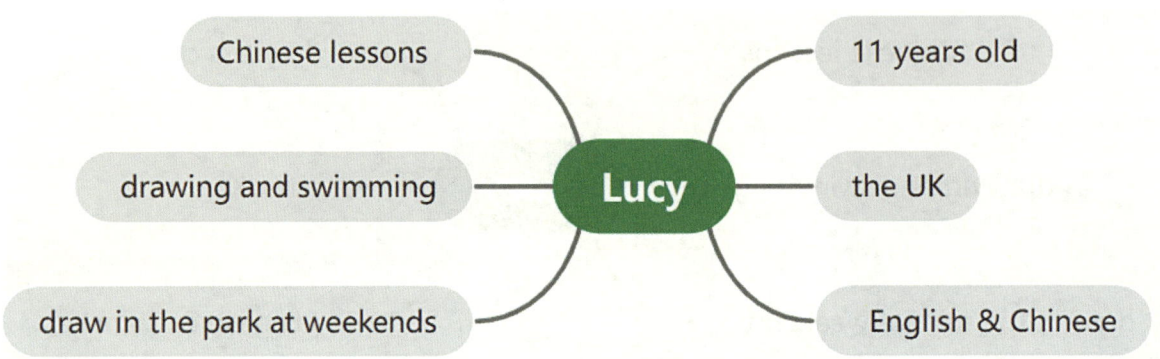

My e-friend

I have an e-friend. Her name is _____. She lives in _____. She can speak _____. She has _____ at school. She likes _____. She can swim fast. She likes _____ too. She often _____ at weekends. She draws a lot of nice pictures there with her friends.

英语·五年级
（下册）

编写人员：
王　霞　黄永志　刘晓慧

学　　校：_____　　年　　级：_____

姓　　名：_____　　出生日期：_____

评 估 者：_____　　评估时间：_____

评估标准：

　　3分：独立完成单一知识/技能；或独立完成多重知识/技能100%。

　　2分：独立完成或在单一支持下完成多重知识/技能60%及以上；或在单一支持下完成单一知识/技能。

　　1分：独立完成或在多重支持下完成多重知识/技能20%~60%以内；或在多重支持下完成单一知识/技能。

　　0分：独立完成或在多重支持下完成多重知识/技能20%以下；或在多重支持下无法完成单一知识/技能。

听做领域

材料一：

1-1 根据听到的对话给图片排序

1. A: When's the Spring Festival?
   B: It's in January or February.
   A: What do people do at this festival?
   B: They usually get together with their families.
   A: What do people eat at this festival?
   B: They eat jiaozi.

2. A: When's the Dragon Boat Festival?
   B: It's in May or June.
   A: What do people do at this festival?
   B: They usually have dragon boat races.
   A: What do people eat at this festival?
   B: They eat rice dumplings.

3. A: When's the Mid-Autumn Festival?
   B: It's in September or October.
   A: What do people do at this festival?
   B: They usually look at the moon at night.
   A: What do people eat at this festival?
   B: They eat moon cakes.

4. A: When's the Double Ninth Festival?
   B: It's in October or November.
   A: What do people do at this festival?
   B: They usually climb mountains.
   A: What do people eat at this festival?
   B: They often eat rice cakes.

材料二：

1-1 请根据听到的对话给图片排序

（　　）

（　　）

（　　）

（　　）

材料三：

2-1/3-1 根据听到的故事进行判断

In the park

  It's spring. It's sunny and warm. There are many people in the park. Helen and her family are having a picnic. Bobby and Wang Bing are fishing. Tim is flying a kite with his aunt. Su Hai is drawing a picture. They're all having a good time.

材料四：

2-1/3-1 请根据听到的故事进行判断

（　　）（1）It is autumn.
（　　）（2）Helen is having a picnic with her family.
（　　）（3）Sam and Bobby are fishing.
（　　）（4）Tim is drawing.

材料五：

4-1/5-1 请听问题，说出正确的回答（注：涉及第三人称，可借助于单词卡片或课文图片）

（1）Why are you so sad/ happy?

（2）Why can't you go to the party?

（3）Where do you live?

（4）How do you come to school?

（5）Where does he/she live?

（6）How does she/ he come to school?

（7）Where do your friends live?

（8）How do they go to school?

（9）What's wrong with you?

（10）What's wrong with him/ her?

（11）What should he/ she do?

（12）What's wrong with them?

（13）What should they do?

（14）What are you doing?

（15）What's he/ she doing?

（16）What are they doing?

（17）Are you looking for some apples?

（18）Is he/ she reading English?

（19）Are they watching TV?

（20）When's your birthday?

（21）What do you do on your birthday?

（22）How's the sweet?

（23）How do I get to the library?

材料六：

6-1/7-1 根据听到的指令做出相应的反应（注：老师可根据自己常用的课堂指令进行随堂检测，以下指令仅供参照）

（1）Put up/down your hands./ Hands up.（请举起/放下手）

（2）Look at the blackboard.（看黑板）

（3）Look at the screen.（看屏幕）

（4）Take out your books.（把书拿出来）

（5）Put away your books.（把书放好）

（6）Louder, please.（请大声一点）

（7）Go back to your seat.（请回到你的座位）

（8）Quiet, please.（请安静）

（9）Stop talking now.（停止讲话）

（10）You may begin.（你们可以开始了）

（11）Time is up.（时间到）

（12）Work in pairs.（两人一组，进行活动）

（13）Work in group of ...（……人一组，进行活动）

（14）Please hurry up.（请抓紧时间）

（15）Pass the worksheets to the back.（向后传练习纸）

（16）Let's act out the story.（我们来表演故事）

（17）Let's do a role-play.（我们来角色扮演）

（18）Speak in English.（用英语说）

（19）Pay attention, please.（请注意）

（20）I beg your pardon.（请再说一次）

（21）Turn to page ...（翻到第……页）

（22）Read the dialogue with your partner.（和你的搭档一起读对话）

（23）Your turn, please.（轮到你了）

说唱领域

材料一：

1-1/2-1 请用正确的句型交流个人信息

（1）朋友想知道你为什么这么伤心，你们会说什么？

（2）老师想知道你为什么不能来上学，你们会怎样问答？

（3）朋友想知道你住在哪儿，怎样来上学的，你们会怎样问答？

（4）医生问你怎么了，你告诉医生你头疼，还觉得冷，咨询医生应该怎么做，医生建议你在家休息、吃药、喝热水，你们会怎样问答？

（5）朋友问你怎么了，你的手臂受伤了，朋友问你现在觉得怎么样，你告诉他你不能写字了，你们会怎样问答？

（6）朋友想知道你的生日在几号，你们会怎样问答？

材料二：

3-1/4-1 请看图片，说出相应的句子

（1）你和朋友谈论杨玲住在哪儿（在学校附近），怎样来上学的，你们会怎样问答？

（2）你和朋友谈论苏海和苏阳住在哪儿（离学校远），怎样来上学的，你们会怎样问答？

（3）你问爸爸"可以骑自行车去上学吗"，爸爸不同意，你们会怎样问答？

（4）你问警察怎样才能到达书店，警察叔叔告诉你沿着这条街道直走，在红绿等处右拐，你就能发现书店在你的右边，你们会怎样问答？

（5）你想去朋友的家里，朋友告诉你可以乘地铁，在迈皋桥站上车，在新街口站下车，然后朝中山南路走，在街道上有一家超市，朋友的家在超市旁边，你们会怎样问答？

（6）你问朋友他怎么了，朋友告诉你他牙疼，他该怎么做，他不应该吃太多的糖果，他应该早晚刷牙，你们会怎样问答？

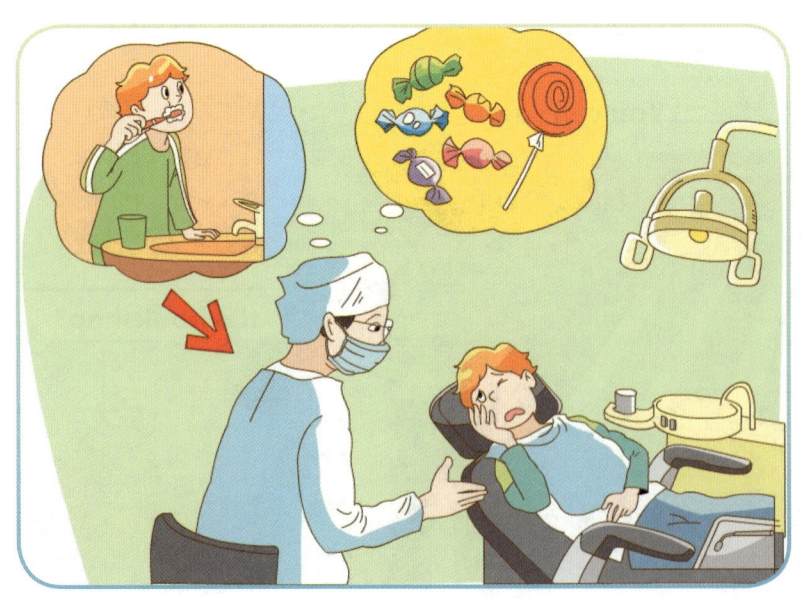

（7）朋友问你正在干什么，你们可以怎样问答？

（8）朋友想知道你们在干什么，你们可以怎样问答？

（9）想知道他们在干什么，可以怎样问答？

（10）你问妈妈"你在做土豆烧肉吗"，你们可以怎样问答？

（11）你问朋友刘涛在找果汁吗，你们可以怎样问答？

（12）你问朋友"他们在做晚饭吗"，你们会怎样问答？

（13）爸爸问你肉的味道怎么样，你们可以怎样问答？

（14）想知道母亲节在什么时候，人们在母亲节做什么，可以怎样问答？

（15）他们在公交车站等车，车太满，可以怎么说？

They _____ the bus _____ .
A bus comes．The bus is _____ .

（16）Bobby不理解，可以怎么说？

Bobby _____ .

（17）你想说这些蘑菇对我们有害，可以怎么说？

（18）Bobby想给Sam看他的自行车，可以怎么说？

（19）她向警察寻求帮助，可以怎么说？

She _____ a policeman _____.

（20）街道上有太多的小汽车，可以怎么说？

There are _____ in the street!

（21）电影结束了，可以怎么说？

（22）Bobby很高兴帮助他们，可以怎么说？

（23）闻起来真香，可以怎么说？

（24）我等不及了，可以怎么说？

（25）晚饭好了，可以怎么说？

（26）他们开始打架，可以怎么说？

材料三：

5-1/6-1 请就日常生活话题作简短叙述（注：图片仅供提示和参照）

（1）请说一说你和家人，以及朋友的住址，上班、上学的交通方式。

```
I live _____.
It is near _____.
I go to school _____.
My father goes to work _____.
My mother goes to work _____.

My friend _____ lives _____.
It is near _____.
He/She goes to school _____.
His/Her father _____.
His/Her mother _____.
```

（2）请用下列句型谈论冰箱里有什么。

① There is _____ meat in the fridge.
② There is _____ fish in the fridge.
③ There are _____ bananas in the fridge.
④ There are _____ oranges in the fridge.
⑤ There _____ in the fridge.
⑥ There _____ in the fridge.

（3）请看图说一说，他们在干什么？

（4）请说一说自己的身体状况。

2

I have a _____.
I cannot _____.
I should not _____.
I should _____ in the morning and before bedtime.

Cough
☹ eat ice cream
☺ drink warm water
☺ take some medicine

Toothache
☹ eat sweets
☹ eat before bedtime
☺ brush teeth before bedtime

Cold
☹ watch TV
☺ drink warm water
☺ have a rest

Headache
☹ watch TV
☺ have a rest
☺ take some medicine

（5）请说一说你最喜欢的节日。

My favourite festival

My favourite festival is _____ Festival.

It is in _____ or _____.

At this festival, people usually _____
_____.

They eat _____.

I like this festival because _____.

Spring Festival
- January/February
- get together with families
- have a big dinner and eat *jiaozi*

Dragon Boat Festival
- May/June
- have dragon boat races
- eat rice dumplings

Mid-Autumn Festival
- September/October
- look at the moon
- eat moon cakes

Double Ninth Festival (Chongyang Festival)
- October/November
- visit parents and grandparents
- climb mountains
- eat rice cakes

（6）请说一说自己和家人的生日，以及庆祝方式。

Our birthdays

My birthday is on the _____ of _____.
I usually _____.
_____
_____

My father's birthday is on the _____ of _____.
He usually _____.
_____

My mother's birthday is on the _____ of _____.
She usually _____.
_____

材料四：

7-1 请看图片，在提示下讲述故事

There is ... at the prince's house,
but Cinderella ... go.
She doesn't have any nice ... and ...

She's very ...
A fairy comes to help her.

She ... the new clothes and shoes.
She ... at the party.
At 12:00, she ... go,
but she ... a shoe ...

The prince ... every house.
Many girls ... the shoe, but it ...
Finally, Cinderella ...
It fits!

认读领域

材料一：

1-1/2-1 请根据图片或实物读出下列单词或词组

1.	prince	fairy	why	because	clothes
	let	put on	before	have to	try on
	fit	take off	mushroom	late	pick
	understand	be bad for	leave ... behind		
2.	far from	moon	street	near	city
	by...	bus	on foot	metro	taxi
	bike	plane	ship	train	ride
	show	young	basket		
3.	ask the way	get to	take	get on	station
	get off	walk	bookshop	next to	turn right
	sun	ask ... for help	excuse me	along	shop
	traffic light	on your right	cinema	hospital	zoo
	turn left	supermarket	film	stop	full
	over				
4.	feel	check	should	have a rest	take medicine
	drink water	toothache	dentist	anything	
	bedtime	giraffe	point at	neck	
	brush one's teeth				
5.	parent	clean	cook	see the doctor	sweep the floor
	busy	make the bed	grow	garden	sweet
	pest	ladybird	go away	wash the dishes	
6.	game	smell	meat	vegetable	tomato
	potato	I can't wait!	look for	ready	yummy
	love	bread	win	yeah	angry
	spot	catch	drive ... away		

7.	festival	Spring Festival	January	February	call
	get together	dumpling	May	June	place
	September	rice dumpling	October	moon cake	November
	old	mountain	rice cake	Mother's Day	Father's Day
	favourite	dragon boat race		Mid-Autumn Festival	
	Double Ninth Festival		Chinese New Year		
	Dragon Boat Festival				
8.	birthday	eleventh	eighth	April	together
	game	March	July	August	December
	hero	play	number	password	answer
	fourth	start	fight		

材料二：

3-1/4-1 请读出下列单词，并说出划线部分字母的发音

1. d<u>r</u>aw   d<u>r</u>ess   d<u>r</u>ink   d<u>r</u>iver
2. t<u>r</u>ain   t<u>r</u>avel   t<u>r</u>ee   t<u>r</u>ousers
3. <u>sh</u>eep   <u>sh</u>ip   <u>sh</u>oe   <u>sh</u>op
4. <u>ch</u>air   <u>ch</u>icken   lun<u>ch</u>   mu<u>ch</u>   tea<u>ch</u>
5. bri<u>ng</u>   morni<u>ng</u>   si<u>ng</u>   spri<u>ng</u>
6. <u>q</u>ueen   <u>q</u>uick   <u>q</u>uiet   <u>q</u>uite
7. mou<u>th</u>   <u>th</u>ank   <u>th</u>in   <u>th</u>ink
8. bro<u>th</u>er   fa<u>th</u>er   mo<u>th</u>er   <u>th</u>ese   <u>th</u>ey

材料三：

5-1/6-1 请将相对应的指令与图片进行配对

1. Excuse me.　　　2. Go along this street.　　　3. Turn right.　　　4. Turn left.

(　　)

(　　)

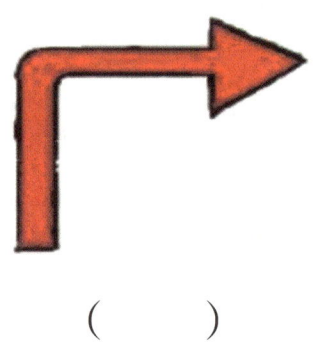

(　　)

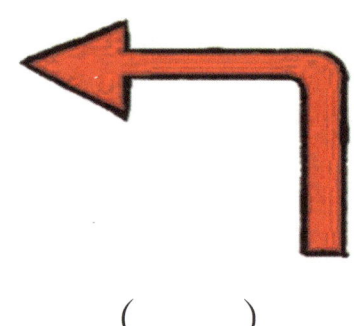

(　　)

材料四：

7-1/8-1 请根据贺卡上的信息选择正确选项

It is a _____ card. (a.birthday　b.Father's Day)

This card is for _____. (a.Wang Bing　b.Wang Bing's father)

材料五：

9-1/10-1 请阅读下面短文，回答问题

　　Mr Wang is a bus driver. There are about 30 seats（座位）on his bus. Every morning, the bus is full. Some people even stand on the bus. People take the bus to go to work or school. Mr Wang drives very carefully（小心地）. There are a lot of bikes, cars and buses on the streets in the morning. Mr Wang has to drive slowly（缓慢地）. The bus is full too in the evening. People go home from work or school. Mr Wang likes his job very much because he can see many different（不同的）people every day.

1. Is Mr Wang a careful driver?
2. Do Mr Wang like his job? Why?

注：本题内容选自译林出版社《课课练》五年级下册

材料六：

11-1/12-1 请从下列阅读材料中任选5篇朗读

（1）

There is a party at the prince's house, but Cinderella cannot go.
  Sister1: Cinderella, come and help me!
  Sister2: Cinderella, where are my gloves?

A fairy comes.
  Fairy: Why are you so sad, dear?
Cinderella: Because I can't go to the party.
  Fairy: Why?
Cinderella: Because I don't have any nice clothes or shoes.
  Fairy: Let me help you.

Cinderella puts on the new clothes and shoes.
  Fairy: Come back before 12 o'clock.

Cinderella has a good time at the party.
Cinderella: Sorry, I have to go now.
  Prince: Hey, your shoe!

The prince visits every house. Many girls try on the shoe, but it does not fit. Finally, Cinderella tries it on.
  Prince: It fits!

（2）

Yang Ling: Do you like your new home, Su Hai?

　　Su Hai: Yes! It's very big. I like it very much, but it's far from school.

Yang Ling: Where do you live now?

　　Su Hai: I live on Moon Street, near City Library.

Yang Ling: How do you come to school?

　　Su Hai: Su Yang and I come to school by bus.

　　Mike: Where do you live, Yang Ling? How do you come to school?

Yang Ling: I live near school. I come to school on foot. Where do you live?

　　Mike: I live in Sunshine Town. I come to school by metro. What about you, Liu Tao?

　Liu Tao: I live on Park Street. I come to school by taxi. My father is a taxi driver.

（3）

Yang Ling wants to visit Su Hai's new home.

Yang Ling: How do I get to your home, Su Hai?

　　Su Hai: You can take the metro. You can get on the metro at Park Station and get off at City Library Station. Then, walk to Moon Street. There's bookshop on the street. My home is next to it.

Yang Ling: All right.

Yang Ling comes out from City Library Station. She is on Sun Street. She cannot find the bookshop. She asks a policeman for help.

Yang Ling: Excuse me, how do I get to the bookshop on Moon Street?

Policeman: Go along this street. Turn right at the traffic lights. Then, go along Moon Street. You can see the bookshop on your right.

Yang Ling: Thank you.

（4）

Su Hai is ill. She goes to see the doctor.

Doctor: What's wrong with you?

Su Hai: I have a headache. I feel cold.

Doctor: Let me check. You have a fever.

Su Hai: What should l do, Doctor?

Doctor: You should have a rest at home. You should take some medicine and drink some warm water.

Su Hai: Thank you, Doctor.

Mike has a toothache. He goes to see the dentist.

Dentist: What's wrong with you?

  Mike: I have a toothache. I can't eat anything!

Dentist: Do you eat a lot of sweets?

  Mike: Yes, I do.

Dentist: You shouldn't eat too many sweets. You should brush your teeth in the morning and before bedtime.

  Mike: OK. Thanks.

（5）

It is Saturday morning. My father is cleaning the car. I am helping him. My mother is cooking breakfast in the kitchen. Helen is in the living room. She is sweeping the floor. Where is Tim? What is he doing now? Tim is in his bedroom. He is sleeping. Ben the dog is sleeping too.

In the afternoon, my cousin Jim comes. What are we doing now? My mother is busy. She is cooking dinner. Helen and I are helping her. Helen is washing the dishes. I am cleaning the table.

What are Tim and Jim doing? They are eating fruit in the living room.

"We're watching TV too!"

"Woof!"

（6）

It is six o'clock in the evening. Liu Tao comes home from a football game. His parents are cooking dinner in the kitchen.

Liu Tao: That smells nice, Mum. Are you cooking meat?

Mrs Liu: No, I'm not. I'm washing some vegetables. I want to cook some tomato soup.

Mr Liu: I'm cooking meat with potatoes, Taotao.

Liu Tao: Great! I can't wait, Dad!

Liu Tao is looking for some juice in the fridge.

Liu Tao: Mum, is there any apple juice in the fridge?

Mrs Liu: No, but there's some orange juice.

Liu Tao: OK, thank you.

Dinner is ready. Liu Tao is eating the meat.

Mr Liu: How's the meat, Taotao?

Liu Tao: It's yummy, Dad. I love it! You're a great cook!

Mrs Liu: How's my soup, Taotao?

Liu Tao: It's nice, Mum. I love it too!

（7）

The Spring Festival is in January or February. People also call it Chinese New Year. At this festival, people get together with their families. Some people eat jiaozi.

The Dragon Boat Festival is in May or June. There are dragon boat races in some places. People eat rice dumplings at this festival.

The Mid-Autumn Festival is in September or October. People look at the moon at night with their families. They eat moon cakes and fruit.

The Double Ninth Festival (Chongyang Festival) is in October or November. It is a festival for old people. People visit their parents and grandparents. They also climb mountains and eat rice cakes at this festival.

（8）

Miss Li: When's your birthday, Su Hai?

Su Hai: It's on the eleventh of May. It's also Su Yang's birthday.

Miss Li: What do you do on your birthday?

Su Hai: We usually have a big dinner with our parents and grandparents. Su Yang and I eat some noodles. After that, we play with Kitty the cat. We have a great time.

Miss Li: When's your birthday, Mike?

Mike: It's on the eighth of April. We always have a party at home. Helen, Tim and I go to buy a birthday cake in the morning. Then, my friends come in the afternoon. We eat the birthday cake together and play some games. We have a lot of fun!

书写领域

材料一：

1-1/2-1/3-1 请写出所听到的单词或词组

（1）地点：street, city, hospital, shop, zoo, stop（车站），garden
（2）交通工具：bus, metro, taxi, bike, plane, train
（3）月份：January, February, March, April, May, June, July, August, September, October, November, December
（4）食物：vegetable, tomato, potato, bread
（5）动词：let, take, walk, feel, clean, cook, love, call, play
（6）形容词：busy, sweet
（7）介词：near, by（搭乘）
（8）其他：why, because, clothes, moon, film, should, toothache, anything, birthday, game, answer
（9）词组：put on , have to, take off, on foot, get on, get off, have a rest, look for

材料二：

1-1 请写出所听到的单词或词组

（1）

（2）

（3）

（4）

（5）

（6）

（7）

（8）

（9）

材料三：

2-1 请抄写所听到的单词或词组

why because clothes moon city

street love near hospital shop

zoo stop train metro taxi bus

bike plane film feel cook let

walk should busy garden sweet

toothache anything vegetable by

potato bread tomato birthday

clean game play answer call

take January February March

April May June July August

September October November

December put on have to on foot

take off get on get off look for

have a rest

材料四：

3-1 请描红下列单词或词组

why because clothes moon city

street love near hospital shop

zoo stop train metro taxi bus

bike plane film feel cook let

walk should busy garden sweet

toothache anything vegetable by

potato bread tomato birthday

clean game play answer call

take January February March

April May June July August

September October November

December put on have to on foot

take off get on get off look for

have a rest

材料五：

4-1 请根据情境和对话，写出正确的问候语和祝福语

放学后，李达约王明周六踢球，不料，周六是王明生日。李达祝王明生日快乐，并答应参加聚会。

   Li Da: Wang Ming, tomorrow is Saturday, let's go and play football.
Wang Ming: OK. But what date is it today?
   Li Da: It's the ninth of March.
Wang Ming: The ninth of March? Well, tomorrow is my birthday.
   Li Da: Really? _____, Wang Ming.
Wang Ming: Thank you. I will（将）have a birthday party at home. Would you like to come?
   Li Da: Yes, and I will bring some toys and play with our friends there.
Wang Ming: Good idea!
   Li Da: May you _____（玩得开心）!
Wang Ming: Thank you. Goodbye.
   Li Da: _____.

材料六：

5-1 请根据情境和对话，补全问候语和祝福语

放学后，李达约王明周六踢球，不料，周六是王明生日。李达祝王明生日快乐，并答应参加聚会。

    Li Da: Wang Ming, tomorrow is Saturday, let's go and play football.
Wang Ming: OK. But what date is it today?
    Li Da: It's the ninth of March.
Wang Ming: The ninth of March? Well, tomorrow is my birthday.
    Li Da: Really? Happy _____（生日快乐）, Wang Ming.
Wang Ming: Thank you. I will（将）have a birthday party at home. Would you like to come?
    Li Da: Yes, and I will bring some toys and play with our friends there.
Wang Ming: Good idea!
    Li Da: May you have a _____ time（玩得开心）!
Wang Ming: Thank you. Goodbye.
    Li Da: _____（再见）.

材料七：

6-1 请根据图片和短语提示，写出短文，从时间、习俗、食物等方面向外国朋友介绍我国的春节。不少于50词，要求书写工整规范，注意字母大小写和标点符号，可适当发挥。

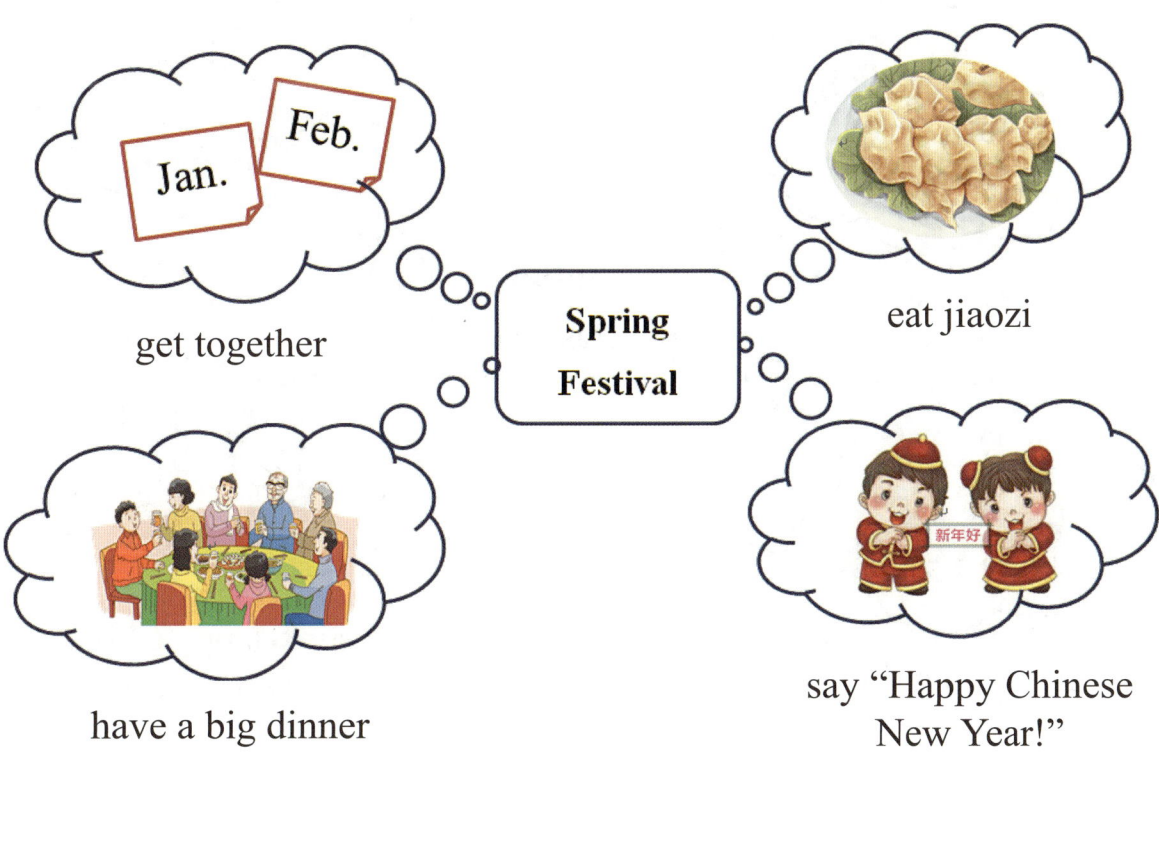

材料八：

7-1 请根据图片和短语提示，补全短文，从时间、习俗、食物等方面向外国朋友介绍中国的春节。不少于50词，要求书写工整规范，注意字母大小写和标点符号。

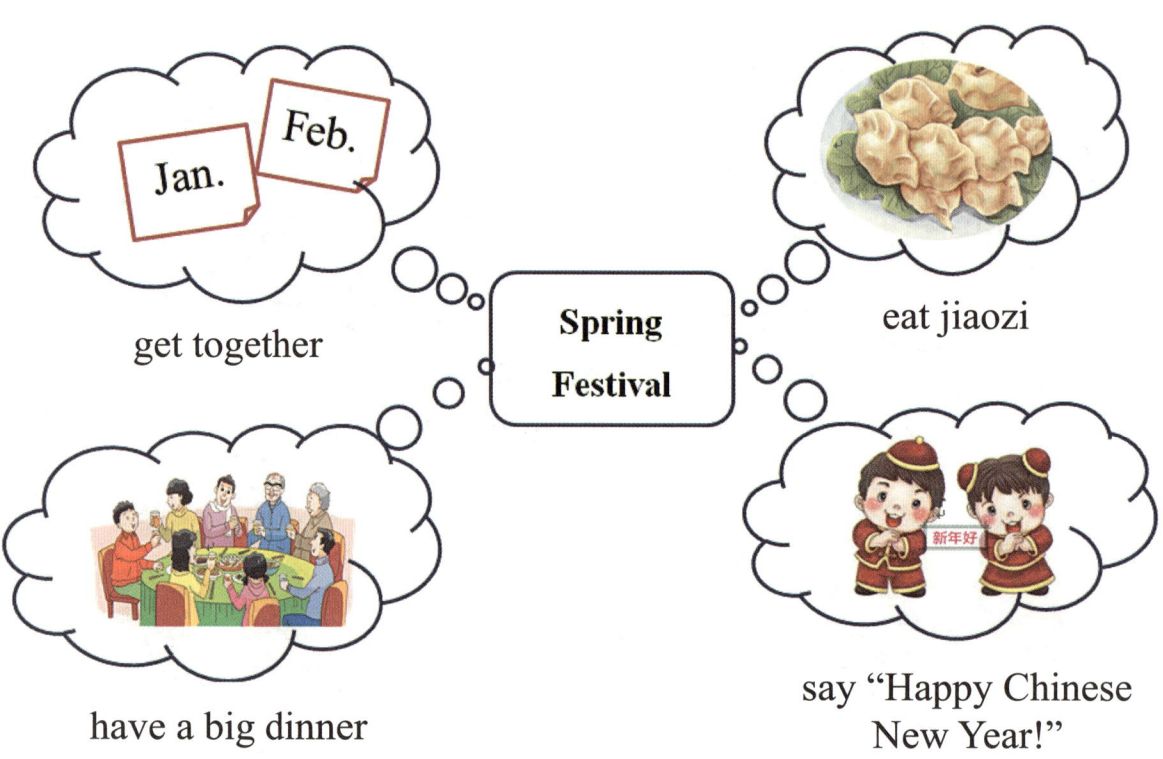

The _____

The Spring Festival is in _____ or _____. We also call it _____.

People usually eat _____ at this festival. people _____ with their families and _____. At this festival, people also visit（拜访）their families and friends. They say _____ to each other（相互）.